民國文存

66

西洋教育史大綱

（上）

姜琦 編著

知識產權出版社

《西洋教育史大綱（上）》介紹古希臘至啟蒙運動時期西方的教育思想、流派及重要代表人物的思想與實踐，對古希臘的審美教育、古羅馬的實際教育、中世紀的宗教教育以及宗教改革以來的新宗教教育與實利教育進行詳細闡述，對了解西方教育史的發展具有參考作用，為當下我國的教育改革提供借鑒。

本書適合教育史學習者、研究者及有興趣者閱讀。

責任編輯：劉　江　　**責任校對**：董志英　　**動態排版**：賀　天
特約編輯：韓秀麗　　**責任出版**：劉譯文

圖書在版編目（CIP）數據

西洋教育史大綱.上/姜琦編著.—北京：知識產權出版社，2014.12
（民國文存）
ISBN 978-7-5130-3208-7
Ⅰ.①西…　Ⅱ.①姜…　Ⅲ.①教育史—國外　Ⅳ.①G519
中國版本圖書館 CIP 數據核字（2014）第 283442 號

西洋教育史大綱（上）
Xiyang Jiaoyu Shi Dagang
姜琦　編著

出版發行：知識產權出版社有限責任公司
社　　址：北京市海澱區馬甸南村 1 號　　郵　　編：100088
網　　址：http://www.ipph.cn　　郵　　箱：bjb@cnipr.com
發行電話：010-82000860 轉 8101/8102　　傳　　真：010-82005070/82000893
責編電話：010-82000860 轉 8344　　責編郵箱：liujiang@cnipr.com
印　　刷：保定市中畫美凱印刷有限公司　　經　　銷：新華書店及相關銷售網站
開　　本：720 mm×960mm　1/16　　印　　張：16.75
版　　次：2014 年 12 月第一版　　印　　次：2014 年 12 月第一次印刷
字　　數：174 千字　　定　　價：55.00 元

ISBN 978-7-5130-3208-7

民國文存

（第一輯）

出版前言

民國時期，社會動亂不息，內憂外患交加，但中國的學術界卻大放異彩，文人學者輩出，名著佳作迭現。在炮火連天的歲月，深受中國傳統文化浸潤的知識份子，承當著西方文化的衝擊，內心洋溢著對古今中外文化的熱愛，他們窮其一生，潛心研究，著書立說。歲月的流逝、現實的苦樂、深刻的思考、智慧的光芒均流淌於他們的字裡行間，也呈現於那些細緻翔實的圖表中。在書籍紛呈的今天，再次翻開他們的作品，我們仍能清晰地體悟到當年那些知識分子發自內心的真誠，蘊藏著對國家的憂慮，對知識的熱愛，對真理的追求，對人生幸福的嚮往。這些著作，可謂是中華歷史文化長河中的珍寶。

民國圖書，有不少在新中國成立前就經過了多次再版，備受時人稱道。許多觀點在近一百年後的今天，仍可說是真知灼見。眾作者在經、史、子、集諸方面的建樹成為中國學術研究的重要里程碑。蔡元培、章太炎、陳柱、呂思勉、錢基博等人的學術研究今天仍為學者們津津樂道；魯迅、周作人、沈從文、丁玲、梁遇春、李健吾等人的文學創作以及傅抱石、豐子愷、徐悲鴻、陳從周等人的藝術創想，無一不是首屈一指的大家名作。然而這些凝結著汗水與心血的作品，有的已經罹於戰火，有的僅存數本，成為圖書館裡備受愛護的珍本，或成為古玩市場裡待價而沽的商品，讀者很少有隨手翻閱的機會。

鑑此，為整理保存中華民族文化瑰寶，本社從民國書海裡，精心挑出了一批集學術性與可讀性於一體的作品予以整理出版，以饗讀者。這些書，包括政治、經濟、法律、教育、文學、史學、哲學、藝術、科普、傳記十類，綜之為《民國文存》。每一類，首選大家名作，尤其是對一些自新中國成立以后沒有再版的名家著作投入了大量精力進行整理。在版式方面有所權衡，基本採用化豎為橫、保持繁體的形式，標點符號則用現行規範予以替換，一者考慮了民國繁體文字可以呈現當時的語言文字風貌，二者顧及今人從左至右的閱讀習慣，以方便讀者翻閱，使這些書能真正走入大眾。然而，由於所選書籍品種較多，涉及的學科頗為廣泛，限於編者的力量，不免有所脫誤遺漏及不妥當之處，望讀者予以指正。

目　錄

西洋教育史大綱敍

讀教育史法：第一，當研究一學說之倡，其故安在？譬之治病，是宜探悉彼時代所伏之病根與所現之病象，因而識夫治方者命意之所屬，後之人於此得所準焉；第二，當研究一學說之既倡，其效奚若？譬之治病，服是方者，其病體之狀態，究有何等變化？因而判定是方之價值，後之人愈於此得所準焉。是故教育重史，而治教育史，宜同時參究普通史。全球有史，數千年來，教育之範圍日恢張而加廣，而教育之方術，日鞭辟而近裏，變嬗起滅之際，至穠厚之意味存焉。夙嘗持此議，適柏盦以新著《西洋教育史大綱》見示，輒舉此相質；願柏盦異日更著本國教育史以餉國人。吾知柏盦之著此書，與人之讀柏盦此書，皆將油然念吾建國最古之中華，其教育學說之變化，影響於世界人類之深且密，將與吾國史之長爲比也。

中華民國十年一月，黃炎培

凡例

一，本書爲余在南京高等師範學校教授之教本，加以修正；卷末附錄西洋教育學史一篇，全書共計二十萬餘言。茲因同學諸君之請，特行付剛，以備高等學校參考之用。

二，本書以賴烏曼爾（Raumer）、斯密的（Schmidt）、斯密特（Schmid）、弗搿爾（Vogel）、迪得斯（Dittes）、弗爾克曼（Volkmer）、格列佛斯（Graves）、斯利（Seeley）、大瀨甚太郎、田中義能、乙竹岩造、入澤宗壽、吉田熊次、渡部政盛等所著之《教育史》或《教育思想史》爲本，間或參以己意，互相錯綜，不復一一識別。

三，本書地名、人名以及直接間接的句讀等，一律用新式標點符號，俾讀者一目瞭然。

四，本書地名、人名譯音，多從新學會社所編譯之《外國地名人名辭典》；至現代人名，尚無譯音者，概出自譯，乖謬之處，知所不免，尚望讀者諸君隨時賜教。以便再版訂正。

五，本書引用外國文，以原著爲標準，故參用英、德、法諸國文字，俾讀者便於參合原本，力求精確。

六，本書告成，承摯友朱隱青君校閱之力甚

多；茲因出版之便，特附誌一言，以當鳴謝。

中華民國九年

十二月十日，姜琦

第一章　緒論

第一節　教育史之意義

教育史（History of Education）者，係何種之科學耶？欲明乎此，不可不先說明教育之意義。　教育史之意義

“教育”一語，見於《孟子·盡心篇》“得天下英才而教育之”。若溯其語源，由來已久。“教”字，《說文》作“斅”，上所施，下所效也。“教”从“季”从“攴”，“攴”，小擊也；“季”，效也。解曰：“上施，故从‘攴’；下效，故从‘季’。”《釋名》云：“教，效也，下所效法也。”《荀子·修身篇》云：“以善先人謂之教。”申言之：即使下從上所示之模範之謂也。更申言之：即上使下效其所示之模範之謂也。“育”字，《說文》云：“育，養子使作善也。”“育”，本从“𠫓”从“肉”，《字彙》譌从“云”作“育”非；“肉”字無他義，即“育”之字音也。“𠫓”爲“子”字之倒，《說文》云：“𠫓，不順忽出，从‘倒子’。”解曰：“不从‘子’而从‘倒子’者，正謂不善者可使作善也。”《廣韻》云：“育，養也。”《爾雅·釋詁》云：“育，長　教育之語源

也。”申言之，即助子之發達而使作善之謂也。

至於西洋之義解則何如？西洋“教育”一語，英語曰：“Education”，法語曰：“Education”，其語源皆出自拉丁語之“Educatio”。“Educatio”者，由動詞“Educare”變化而成，含有“引出”“導出”之義。德語曰“Erziehung”，由動詞“Ziehen”變化而成，加以“er”者，强其意味也。“Erziehung”者，含有“導出”，“完成”之義。英語“Teacher”一語，亦含有“指示”“示範”之義。

以上所述，皆本於“教育”之字義而下解釋也。然精密論之，此等字義上之解釋，猶未能確定教育之概念，蓋“教育”一語，實包括吾人之精神與身體兩方面而言，而此等字義上之解釋，惟注意於精神的方面，即僅指所以助長精神之發育者而言也。不寧惟是，抑其對於教育以何者爲對象，何者爲時期，均未能下明確之界說，實不足爲今日學術上之解釋也。

教育之意義

然則吾人欲在學術上而下解釋，“教育”一語，果含有如何之意義乎？曰：教育者，即成熟者對於未成熟者施以一種之補助的影響之謂也。抑此種補助的之影響，可分爲二種：一曰身體上之影響；一曰道德上之影響。凡人當幼稚之際，僅恃前者即能發達生長；迨稍長，則必於前者之外，更施以道德上之影響。蓋人爲社會的動物，先哲已有明言，謂人一入社會範圍，不能不與人類相接觸，故一切社會上之生活，不可不亟行講求也。即謂人當成長之

教育與身體

後，非若幼稚時代僅僅以父母之鞠育，兄長之扶掖爲唯一生活之具，必也於自衛之外，兼有扶掖幼者，保護弱者之責；苟不然，人縱有健全之身體，亦不能獨立生存於人類之社會；藉曰能之，亦與他種動物有何異乎？然則吾人欲使兒童脫離狹小之家庭，而入複雜之社會以營其生活者，則不可不先使之講日用彝倫之道，以陶冶其性情也。黑智爾（Hegel）❶曰："教育者，使人爲道德的人之術也。"海爾巴脫（Herbart）❷派之學者，亦皆以教育爲養成道德的人類之一種作用也。雖然吾人尚不可謂教育者，僅施以身體上之影響與道德上之影響，即爲畢乃事矣；而社會上之所謂法制的、經濟的及其他種種之關係，亦皆得爲教育上之要素也；故吾人又不可不於養護身體，陶冶德性之外，須兼法制、經濟諸方面一併留意及之也。於是後世學者之解釋教育之意義，更爲廣汎，例如裴司塔洛齊（Pestalozzi）派之學者，釋"教育爲使吾人天賦諸能力，皆得調和的發達之一種作用"。比尼克（Beneke）派之學者，釋"教育爲使人類精神之道德的、推理的、審美的、宗教的方面及其身體，皆得完全發達之一種作用"是也。

教育與道德

教育之廣汎的解釋

由是以觀，則教育之意義，當如蒙泰尼（Montaigne）所云："教育者，非僅限於精神或身體之一方面，謀其所以發達之者而已，實欲以養成其完全

❶ "黑智爾"，即德國哲學家黑格爾。——編者註
❷ "海爾巴脫"，即德國教育家赫爾巴特。——編者註

人格之謂也。”易言之：“教育云者，即教育者對於被教育者施其所以使人能發達其身體及精神之種種方面之影響之謂也。”

教育所施之影響既如此，則必有目的觀念存乎其間，蓋人決不能以無目的之活動，而收其有益之結果也。然既有目的觀念，又不可不有手段觀念，苟無手段觀念，則任何種目的終無以實現也。然則教育云者，成熟者對於未成熟者，先立一定之目的，設一定之方法，然後準此目的與方法，而施之以補助的影響之一種作用也已。

教育之眞意義

吾人以一定之目的與一定之方法所施之教育事業，易言之，此種補助的影響，由吾人在人類社會上取種種之形式以使之實現者，即謂之“教育的現象”。然此種“教育的現象”果以何者爲標準乎？即所謂一定之目的，一定之方法果何在而何取乎？欲解決此問題者，必先以社會之發展與人類之進步上所存在之條理爲其基礎，而以個人精神之發達及其活動之法則爲其根據，然後以科學的方法而研究之，則庶乎其可也。以若是研究之所得，條分縷析而整飭之，循其系統而組織之，則今世之所謂教育學者於是乎成立。故夫所謂教育學者，言其目的，則以倫理學、社會學、審美學爲主；言其方法，則以心理學爲主，而參酌以衛生、生理、物理諸學；然後再以論理上之智識，整頓其形式而組織之一種科學也。

教育學之成立

教育學之研究

然則吾人欲研究教育學，或退而從事於實際之教育，或進而著述夫系統的學說，皆不可不具有以上所舉之各種科學的智識也。然而吾人之精神能力有限，焉得人人皆具有如斯完全之智識耶？故世人研究教育學之結果，或偏於倫理的，或偏於心理的，一隅之見，跛立之說，在所不免也。

抑更有甚焉者，夫教育之事實，即爲人類社會之現象；教育學既以此人類社會中之種種事實爲其研究之對象，則或爲時代精神所左右，或爲風俗習慣所限制，或受土地氣候之影響，種種偏見，錯綜雜陳，蓋亦不可避之勢也。雖然吾人今對於此等教育的事實，苟能施以歷史的研究，則其結果不啻能使吾人於時間上，得理會古今之人類所研究之學說及其實施之經驗；即於空間上，各方各國之人所發明之學理及其實驗之結果，亦皆得歷歷陳列於目前，考覈其異同，比較其得失，則不難脫除以上所述種種偏見誤謬之病；而其研究所得之教育學，以之應用於實際之教育而亦當，以之闡發夫新創之學說而亦符，教育之種種問題，皆可迎刃而解矣。然則以若是歷史的研究而成之教育學，即兹所謂“教育史”是也。

教育史之眞意義

教育史者，所以網羅古今東西之人類所既創作之理論及其實施之經驗，以歷史的研究，系統的記述，而明其教育之變遷發達之狀況之科學也。學者稱教育史爲“人類之教育學”（Pedagogies of Mankind）洵篤論矣！教育史之意義蓋如此。

人類之教育學

第二節　教育史研究之必要

教育史研究之效果

吾人研究教育學，欲自立一家之系統，則不可不研究教育史，前節已略言之矣。茲更詳其說：夫研究教育史者，對於前人所曾發表之思想及其研究之事實，自不必再事反復討究，惟取世界人類殫精竭力所獲之結果，以資吾人今日研究之基礎，抑亦足矣。

理論家研究教育史之必要

教育之實際的方面與理論的方面

自教育狀態上觀之，其實際的方面，稍能與社會之進化同時發達，而其學理的方面則大不然。吾人屢見教育學之思想，非失之迂遠，即過於新奇，往往與當時形勢相背馳，與世界潮流相抵觸者也。揆厥原因，固由於教育學爲心的科學之一，非若他種物的科學之觀察與實驗較爲有據也。抑亦教育學者對於教育史之研究，全付諸等閑；而以教育史所提供之事實，皆爲陳腐舊套之學說，而無一顧之價值者之所致也。

斯密的（Schmidt）曰："無教育史之教育學，猶無基礎之建築物也。"吾人不欲研究教育學則已；苟欲研究，不可不先研究教育史。而以教育史所記載之思想事實爲其研究教育學之基礎也。

實際家研究教育史之必要

教育史之研究，不僅教育學者當視爲必要之事，即教育之實行家，亦在所必要也。蓋吾人今日所遭遇之教育的事實，亦猶一般事實之莫不有其淵源也。故吾人就現在教育上之紛糾錯雜的現象，苟欲爲明白的理會；或就現在及將來所不可不實行之各稱困難問題，而欲爲正當的解決，皆有俟乎教育史上之智識。《語》云“溫故而知新”，此之謂也。然則教育史之研究，其關係於教育學及教育家，豈淺鮮哉？斯密的曰：“現在者，過去之結果也。”欲理解現在之教育，以樹立一家之學說，而完成其任務者，不可不先研究教育之歷史。蓋吾人之個人的經驗，以視數千年來之歷史的經驗，正如“太倉一粟”，有何價值之可言？斯密特（Schmid）亦曰：“教育史者，所以擴充教育家之眼界，而授以教育上種種關係與作用之活潑的思想也。”觀二氏所言，非同爲重視教育史之研究者乎？

教育史者所以擴大教育家之眼界

要之，教育史之研究，在於發揮學者之歷史觀念，使之避輕佻，戒新奇，舉凡偏見、固執、躁進、保守等弊，皆蕩然剷除而盡之；並使其設一考案，立一學說，必先參酌古人之思想，推察將來之大勢，總期適合於今日之時運而後已。蓋教育事業，係經數千年來逐漸整理而成之一大共同事業，豈容一二人之任意左右乎？斯密的又曰：“教育史者，所以使吾人除去傲慢心而養成謙遜之德也。”且教育史中稱述古來教育界偉人之事業及其嘉言懿行，亦復不少，吾人讀之，更能使心中油然興起一種偉大高尚之信念，與夫努力奮鬥之精神，而煥然自覺以爲吾人苟能盡力於教育，而樹其偉烈之功績，則亦可垂名青史，傳諸無窮，而畀我人類以攸[1]久之厚澤也。

第三節　教育史研究之起點

教育史之研究從何時代始?

教育史研究之必要，已如上述。然則教育史研究之順序爲何如乎？易言之：卽以何時代爲教育史研究之起點乎？此不可不先決之問題也。嘗聞德意志某史家揭一題：“亞當（Adam）者，哲學者乎？抑否乎？”乃曰：“欲解決此問題者，須研究哲學史。”意謂欲研究哲學史者，當自太古之人類始。今教育史之稱述，同是人類之事實也。然則研究教育史者，亦當自太古始乎？

教育史之任務

抑教育史之任務，在於尋索教育之理論與實際之事蹟，則凡古代事物之有關於教育者，皆在所必稽，故吾人研究教育史，當發端於教育之起源，然則教育之起源果何在乎？此又一問題也。論者多以爲教育與人類同一起源，研究教育史者，當自人類之起源始。是說也，似含有幾分眞理，而非孟浪無稽之言也。蓋人類當幼稚之時，非蒙有教育範圍中所存之養護、指導諸作用；決不能發育生長；此等作用，在人類社會上歷代相承，綿延不已，此乃事實上昭昭不可掩者。若欲追求此等作用之蹤跡，自然到著於人類之起源。然則吾人欲研究教育史，亦

教育之起源

[1] “攸”，即“悠”。——編者註

當自人類之起源始乎？

研究之立腳地

雖然，以上兩說對於教育之起源問題，皆未能下正當之解決，何則？由前之說，則須從宗教的見地而立論，謂神爲全智全能之造物主，人類乃爲神之所創造者；由後之說，則須從進化論的見地而立論，謂教育不僅在人類發生時始有之，即人類未發生以前，早已有之矣。前說之正否？姑置勿論。若從後說，則未免與第一節所述教育之意義有所矛盾有所抵觸也。蓋動物中之較高等者，雖亦有養護子孫，指導幼弱之動作，然其動作，不過一種之本能的活動與無意識的活動而已。縱使彼等動物亦有目的觀念與手段觀念，然亦不過依種族保存之原則以活動，而非有眞正之意識的動作存於其間也。人類未發生以前之教育，大都如此，豈可與吾人之所謂人類教育同日而語乎？然則欲研究太古時代或人類未發生以前之教育，係哲學上或理科的科學上之任務，而非教育史範圍內之事也。

動物之養護及指導

歷史之範圍

今試讓一步，即就太古人類之祖先如所謂高等動物蠢然之事跡而尋究之，以爲研究教育史發端之材料，然而此等之事跡，已如上所云：不過一種天然界所加之自然的教育，及其同種所施之本能的教育而已。且此等太古所行之所謂無意識的影響，古人既未嘗記述，今人又無從經驗，吾人縱欲研究，亦不過僅憑歷史時代之事實，或吾人今日之閱歷，互相比類，互相推論，以斷片之材料爲其根據，而下一想像的判斷而已。如此研究所得之結果，若以今日科學者之眼光觀之，有何足以教育史資料之價值乎？徒勞而無功，瞭若觀火矣！

夫未有人類以前之研究，或歸之於從事哲學者則可，或歸之於從事人類學者亦可，卽或歸之於從事一般歷史者亦無不可。至吾人之研究教育史者，則不可不限於已有人類，已成民族而粗具有國家的生活之時代以爲其起點也。

教育史之眞起點

第四節　教育史之系統的研究

大凡國家之興亡，社會之隆替，風俗之變遷，習慣之推移，及其他宗教、文學、工藝、美術等之直接間接影響於教育者，蓋亦大矣。夫研究教育史者，對於此等事項，固不可以等閑視之也。然而此等事項之綿密的研究，宜讓之於研究一般歷史、宗教史、文學史、開化史及其他各種之特殊歷史者。至若教育史之對於此種種問題，則僅敍述其梗概耳。蓋教育史之主要任務，在於就古來各種國民之實際教育如何設施、法令制度如何制定及其當時教育家對於教育上有如何理論、如何實行，其所抱之理想在何處，其所施之手段由何出，其影響如何、結果如何諸問題，一一悉爲之提出；然後徵諸古來之文獻，稽諸過去之事蹟，考其當時之教育情形，探其淵源，求其線索，以從事於系統的研究也。

教育史之研究事項

教育史研究之主要事項

第四節　教育史之系統的研究

教育史之系統的研究之意義

何謂系統的研究？請引申其說：吾人試仰而觀之，上有日月星辰，非變幻出沒之象乎？俯而視之，下有河海山嶽，非奔流起伏之勢乎？人生於茲，長於茲，生活於茲，朝與此萬象相應接，夕與此萬象相周旋，習見習聞，恬不爲怪，然退而深思其所以然，則未有不圜視而驚訝者，不求解決，衷心不安。其解決之法，厥初惟訴之於常識；然常識乃斷片之智識，無統系，無秩序，前後時相矛盾，彼此時相衝突，終不能使吾人得圓滿之解決也。於是吾人更進一步，從事學術之研究，擴充認識之範圍，修正其常識，而使之發達，以冀對於宇宙萬象有合理的解決，此科學之所由興也。

常識

科學之起源

科學既興，漸次發達，至於今日，則社會之各種方面，無論其爲學理，於實際，殆無不爲科學所分配。因而科學的研究，不問其爲政治學者，經濟學者、倫理學者、心理學者及其他研究各種學術者，皆不得不採用之矣。

教育以兒童爲對象

然而從事於教育者，僅僅注目於以兒童爲對象所活動之職務及其職務之研究，而對於以社會上一般人民爲對象所活動之職務，則鮮有留意。故每疏於一般之形勢，味於萬象之關係，際此科學萬能之時代，猶以“教育者，術也，非學也”一語爲託辭，囿於常識，不求進步，頑固之見，牢不可破者，實繁有徒。以此，而求教育之發達，吾知其必不能也。晚近學者有鑒於此，於教育上亦加以科學的研究，而建設一種科學的教育學矣。教育學既成爲一科之科

教育之科學的研究

學，則教育學中所包含一部分之教育史當何如乎？然而今日之教育史，尚未有完全之科學的研究也。夫科學的教育學之所以不能有長足之進步者，殆職是故歟？然則吾人對於教育史，雖不能完全以科學的研究而組織之，亦當盡力以破除從前之一切無秩序，無系統，膚然淺述，紛然雜陳之陋習，百尺竿頭，更進一步，而加以精微明晰之科學的研究也可！

教育史之系統的研究

教育史之系統

茲將科學的研究之系統，列表如下：

- 教育學
  - 教育史
    - 形式
      - 理論
        - 緣由
          - 教育學者之經歷
          - 其性行
          - 其學風
          - 其著作
        - 本質
          - 教育學者之學統
          - 其學說
          - 其批評
      - 實際
        - 緣由
          - 國家之興亡
          - 社會之隆替
          - 風俗之變遷
          - 習慣之推移
          - 宗教之盛衰
          - 學術之勢力
        - 本質
          - 教育之法制
          - 學校之組織
          - 管理訓練之方法
    - 內容
      - 西洋教育史 — 西洋古來之教育的思想及共事實
      - 東洋教育史 — 東洋古來之教育的思想及共事實
  - 教育學 —（狹義之教育學）

西洋教育史之大綱

今吾人以上列系統爲大體之標準，論述西洋教育史時，通觀西洋古今三千年之教育的思想及其事實，列表如下：

西洋教育史
- 審美的教育
- 實際的教育
- 宗教的教育
- 人文的教育
- 新宗教的教育
- 實利的教育
- 新人文的教育
- 社會的教育

吾當以上列大綱爲準據，進而敍述西洋教育史。

第五節 刋行教育史

教育史研究之材料

如上所述，吾人宜以系統的研究而研究教育史也明矣。如斯之研究，貴乎材料豐富而事實精確，然而教育史者，史也。夫過去之史蹟，又惡能一一取而觀察之，實驗之？無已，則求諸東西古今之比較精確的典籍，然此等精確的典籍之蒐集，亦殊非易事！然則將奈何。曰：唯有求諸古來以精確的材料所成之教育史而已。然教育之歷史的研究，至第十八世紀末葉，方見萌芽，故此種著作之出版，甚形缺乏。入第十九世紀後，受各種學術勃興之影響，教

教育之歷史的研究之濫觴

賴烏曼爾及斯密的之教育史

育史之發刊，稍形旺盛，然欲求一完全無缺而有系統的研究者，誠不易得！惟有賴烏曼爾（Raumer）及斯密的（Schmidt）二氏所著之《教育史》爲最善。二書各成四巨册，前者詳述“文藝復興”以降之教育；後者則包括亙古以來一切之教育而敍述之，皆足爲《教育史》之典據也。

斯密特之《教育史》

至於斯密特（Schmid）所著之《教育史》，自紀元一八八四年第一册發行以後，至一九〇二年其第五册卷下册始出版，共成七册，是書爲多數學者及實際家協力所編成，故其內容，難免有散漫無紀之誚。惟其材料頗精詳，範圍頗極廣汎，亦不失爲教育史中之良本也。其他小册，如弗猗爾（Vogel）、迪得斯（Dittes）、弗爾克曼爾（Volkmer）、格列佛斯（Graves）、斯利（Seeley）等所著之《教育史》，皆亦有足多者焉。

日本學者所著之教育史

日本近來學者對於西洋教育史之研究頗盛。其著作如大瀨甚太郎著《歐洲教育史》及《最近世歐美教育史》，田中義能著《系統的西洋教育史》，乙竹岩造著《現代教育教授思潮》，入澤宗壽著《現代教育思想史》，吉田熊次著《西洋教育史概論》，渡部政盛著《文檢東洋西洋日本教育史》等，亦足供研究教育史者之參考也。

我國刊行之教育史

至於我國之研究西洋教育史者，殊不多覯，而關於教育史之著作，尤若碩果晨星，唯有商務印書館所發刊《中外教育史》一書，稍稱體例完備，此外絕無他著矣。

教育史刊行之必要

吾儕有教育之責者，宜如何急起直

追以從事於系統的西洋教育史之組織乎？至於東洋教育史之系統的研究之必要，則尤不待言矣。

第二章　審美的教育

第一節　上古希臘之教育

希臘之國勢

希臘（Greek）爲歐洲古時之先進國，內則山脈起伏，外則河海包圍，無數島嶼，宛然棋布。論其地勢，與亞細亞大陸及亞非利加大陸對峙而立；海岸線屈曲而長，故多良港，交通亦甚便利，足資文化之進步；且氣候溫和，適於生活，風景美麗，土地肥沃，物產極豐富；然希臘國民不若埃及人之因物產豐富而遂甘於安逸也，必更求所以維持其物產豐富之道；而願犧牲以極量之勢力焉。故希臘國民，性格勇邁，體質活潑，咸具有偉大之懷抱，以經營偉大之事業，實能增希臘一代歷史上之壯觀也。全國都府凡二十有餘，各自獨立而成一國，外形雖似聯合，而內實多爭攘，其中以多利亞人（Dorians）所立之斯巴達（Sparta）與伊阿尼人（Ionians）所立之雅典（Athens）爲最有勢力。

希臘史之壯觀

希臘人之特性

希臘全國，苟能長取一致之態度，互相援助，以抵禦外寇，則不難維持其永久之獨立也。然而彼等國民見不及此，各懷一强烈之嫉妬心，互相猜忌，互相侵伐，以至釀成羣雄割據之勢。內則爭鬩不解，外則侮禍頻仍，卒之四分五裂，終不能脫外人之羈絆，而所謂自由之天日，遂永不得復見矣。讀史者靡不禁爲之歎惜也！雖然，彼等國民之嫉妬心與其割據之勢，自他方面觀之，大足爲促進文化之助，希臘文化之所以能最早發達者，殆職是故歟？

希臘文化之最早發達的原因

希臘地勢如此之良善，氣候如此之溫和，國民氣質如此之活潑，亦皆足爲促進文化之一大原因。然則希臘之教育事業所以夙著進步者，亦當然之事也。希臘當時關於教育理想上之學說，吾人雖未之見，然其實際之教育及關於實際教育上之理論，頗有足觀者焉。後世歐美各國蒙其影響者，誠匪淺鮮！故吾人欲研究現今歐美之教育，當自敍述希臘之教育始。

亞里士多德對於希臘人的特性之批評

據亞里士多德（Aristoteles）之說，歐洲北部之人民，元氣旺盛，而學藝方面，不甚發達，性質頑固，墨守自由，毫無統治之能力。然亞細亞之人民，技能擅長，才智卓越，而元氣缺乏，不能活潑，毫無振作之氣象。以上兩種國民，皆甘於奴隸的生活之國民也。獨希臘人民位於兩者之間，兼具有兩者之特色，元氣旺盛而才能卓越，活動而愛自由，高尚而好美術，兼富有統一的精神。亞氏此言，實足以描寫當時希臘人之眞相矣。吾前不云乎？希臘土地之良善也，氣候之溫和也，國民氣質之活潑也，故其影響實足以陶冶國民之美的觀念，發達國民之美的性格，是以其教育之目的，亦夙在於謀個人之調和的發達。申言之：卽在謀身體及精神兩方面之一切傾向及其能力之均齊的發達，而由內外兩方面以實現其美善之理想焉。此種教育，學者稱之爲“審美的教育”（Aesthetic Culture），吾人由是當敍述其教育之狀況：

希臘教育之狀況

赫勒人

太古阿利安（Arian，or Aryan）之一族赫勒人（Hellenes），自北方侵入，占領希臘半島，建設一國，曰：赫勒斯（Helus）。當是時也，尚屬草昧鴻荒之世，書契未有，文教未開，種種事蹟，邈不可考，所恃者唯有神話耳。神話者，一種描寫英雄之物語也。故後人稱此時代爲“英雄時代”（Heroic Age）。吾人今日得窺此“英雄時代”之眞相，實受荷馬氏之賜也。

赫勒斯國神話

荷馬

荷馬（Homer）者，紀元前八百年之人。其所作之詩，能巧寫當時狀況。荷馬者，實鼓吹希臘特質之詩人，亦希臘國民之良教師也。彼能認識人爲何而生活及當如何而生活諸問題，歌咏之於詩，以教化其國人。蓋荷氏之詩，實可稱爲法律、歷史、詩歌及其他一切學術之淵鑑也。徵諸荷氏之著作與其他種種古記，可知希臘當時一般之教育，爲實行的教育。質言之：生活卽教育也。論其教育之方法，大抵由日用倫常之道，以開發兒童之天性；並以音樂爲主要學科，供增進道德之用。要之：當時之教育，其目的卽在使兒童得有實際的生活之準備也。

希臘古代之教育

家庭

在家庭上，父雖有莫大之權力，然恪守一夫一婦之制，其待遇妻子，一視同仁，饑寒與共，甘苦與俱，以力謀家庭之幸福，兒童既蒙兩親之愛情與其養護，而兩親亦爲兒童所尊敬，父母年老，得有所奉養，藉以享其天年之樂，故孝順父母，尊敬長者之德，爲當時希臘兒童所不可須臾離也。

神

神爲希臘人之理想，其影響直接足以促進宗教心與道德心之發達，兒童無論在家庭，或在社會，莫不存一尊崇上帝之信念。而舉行有種種之儀式，是以其宗教的情操甚形發達。音樂之外，兼重美術，以期實現此審美的教育之理想也。

體育爲教育之中心

當希臘人民在未離戰爭境況時，武備一道，尤爲彼等所悉心講究，欲事武備，當先注重身體之强健，於是以體育爲教育之中心，如競走、角力、射術、狩獵諸技，皆盛行於一時。

女子教育

女子教育，頗注重禮儀、作法及其他關於家事上之智識。貴族婦人教育，特課以紡績、縫紉，以爲他日事舅姑、教婢女之基礎；又課以洗濯衣服，以爲他日養育子女之準備。此等教育，卽所謂“良妻賢母主義”之教育也。

“英雄時代”教育之狀況，既如上述；然經此“英雄時代”之後，有一事足爲希臘史之一新紀元，而在教育上亦有莫大之關係者，其事維何？卽多利亞人之移住是也。

第二節　希臘教育之發展

多利亞人之運動

紀元前一一〇〇年時，居於阿伊達（Oeta）小麓之多利亞人，忽圖遷徙，而勢頗强盛，遂占有希臘半島南部，由是希臘國內形勢爲之一變，爾後百年間，以宗教、教育、道德、法律各不相同之三大種族，各向其特殊方面以圖發達。此三大種族，曰：多利亞人（Dorians）、曰伊阿尼人（Ionians）、曰埃阿利人（Aeolians）是也。茲先述多利亞人：

多利亞人之特色

宗教

音樂

多利亞人之最著現象，即以個人爲國家之一分子，而始終從屬於國家者是也。彼等之宗教，大有貴族的性質，至於深遠的情操及詩的趣味，殊爲缺乏。彼等所崇拜之神，謂之亞頗羅（Apollon）。亞頗羅者，描寫人類之美的理想之神也。此神最能感化多利亞人之心，常在特爾斐（Delphoi）神殿舉行祭典，假設種種豫[1]言，以指導其國民。其所尚之音樂與宗教，有一同之作用，以單純而兼有强調爲主。舞蹈尚活潑，言語尚簡樸，然此種活動，實非彼等內部品性之使然，乃外部行爲之表示耳。

克利的島之多利亞人

以戰爭爲最終之目的

古代多利亞人之代表者，即克利的（Crete）島之多利亞人是也。彼等社會之組織，以戰爭爲最終之目的。嘗謂凡百技藝及其財產，一經戰敗，頓失

[1] “豫”，當爲“預”。——編者註

價值，故其教育之目的，卽在使兒童振作其勇氣，培養其愛國心，以爲戰爭之準備而已。男子幼時，先在家庭中受養護，並授以讀書、習字、音樂諸科，至十八歲，則舉行莊嚴儀式，在神前宣誓後，遂入少年團體，此爲兒童由家庭生活移於公共生活之時期也。此少年團體，亦以鍛鍊身體，使堪於戰爭爲目的，其主要科目，則爲狩獵、競走、射術、舞蹈及其他各種遊戲是也。此種特殊教育之風，卽爲後來斯巴達教育之基礎也。其詳情當於下節述之。茲先轉述伊阿尼人：

教育爲戰爭之準備

伊阿尼人者，初居亞的加（Attica）及伯羅奔尼撒（Peloponnesus）北部，後移殖於小亞細亞及其近海島嶼，其性質與多利亞人迥異。多利亞人之性質樸實沈毅；伊阿尼人則不然，輕躁狂妄，而易爲外物所誘動，缺乏忍耐力，不能有墨守典型之風。惟彼等頗能善用地利，振興商工業，發明學術技藝，誠可謂爲當時之進步與活動之代表者矣。

伊阿尼人

伊阿尼人與多利亞人

自伊阿尼人之社會組織上觀之，彼等之政治思想頗含有民主精神，無服從權威之性，故彼等所建之市府，殊多政治上之變遷。又其宗教，僅對於神話上所稱之神生一種信仰，而並無一成不變之信條。至於道德思想，亦不取嚴格主義，故其後與東洋諸國交通頻繁以來，家庭制度爲之一變，壓制女子之風，盛行傳播，女子之德性，遂因之而墮落矣。

伊阿尼人之社會組織

伊阿尼人一般之教育

伊阿利人❶一般之教育，唯注意於家庭事業，其目的在於養成個人獨立自營之能力而已。初等教育專委於奴僕之手，多利亞人甚重體育，而此則唯重文藝的教育。蓋亦兩種族性質各異之自然傾向也。

埃阿利人

吾最後述埃阿利人：

埃阿利人之特色

埃阿利人移住希臘頗早，有史以來，勢力猶盛，占希臘中部及北部，其行爲與多利亞人相似，而其性質則與伊阿尼人同。一般人民，富於感情，每求一事，有志在必得之概，而唯快樂是求。政治多出於貴族，武士每占有精神上與物質上之財產，以支配一般貧乏之勞動者及無權利之奴隸；而又好營私植黨，妄啓戰釁，大有害於國力之發展，故其勢力遠不及多利亞人與伊阿尼人也。

埃阿利人最好音樂，尤喜聽激烈喧噪之音，故彼等每舉行其所信仰之特烏尼索斯神（Dionysos）祭典時，則紛奏琴、笛等樂器。夫所謂特烏尼索斯者，與阿頗羅之性質全異，彼則富想像力，此則偏於感情也。卽此一端，已足窺見埃阿利人之特性矣。埃阿利人中以德巴人（Thebes）爲最有勢力，在歷史上頗占優勝地位。彼等之教育兒童，以音樂爲最重。埃阿利人之生活，在希臘三種族中爲最凡庸，故無雄偉之事業足垂名於後世也。

埃阿利人教育

希臘三種族教育之差異

總之，以上三種族之希臘人，皆各尊重自由，一方以教育發揮其個人之天性；一方又能恪守國家之

❶ “伊阿利人”，當爲“伊阿尼人”。——編者註

規律，遵從公共之秩序。易言之，同是人也，其在個人，則以謀心身之調和的發達爲理想；其在國民，則以增國家之幸福安寧爲理想，此理想爲三種民族所同具。至其實現理想方法，及其教育主義，則彼此大相逕庭矣。其後多利亞與伊阿尼二種族更相競，而發揮其特性，遂成斯巴達之教育與雅典之教育焉。此以下當分述斯巴達及雅典之教育。

第三節　斯巴達之教育（一）

斯巴達（Sparta）者，希臘南部拉哥尼亞（Laconia）州之首府，後襲用爲國名，在多利亞人種中爲最強。人民分三階級，最上者曰“市民”卽斯巴達人，戶口不過九千，居貴族地位，以握政權，而役奴隸，壓平民。其次曰“泊里科”（Perioeci），卽“平民”（Dwellers Around）之義，戶口三萬有餘，初爲亞加亞（Achaians）自由民族，當多利亞人侵入時，自卽降服，故不拘束其身體，任業農商，負租稅，充兵役，惟無參政權。最下者曰“黑洛孳”（Helotes），卽“奴隸”（Captives）之義，人口三十餘萬，初亦亞加亞人，當多利亞人侵入時，久抗不服，故遂淪爲奴隸，服苦役，無論在政治上，或社會上，皆無絲毫之權利矣。

斯巴達之政治組織，上有國王二人，平時權力　斯巴達之政治組織不甚重，視同虛器，政治實權，全爲執政官五人所掌握，國王之廢立，亦唯執政官之命是從。此等執政官，每年以全體市民之投票公選之；司法、行政及其他一切制度，概取軍隊主義；惟財產則取平等主義，除平民所有之少許土地外，其餘皆平均分配於市民，不許買賣讓與財產，唯長男世襲，次男以下欲自立一家者，皆往外國營殖民地；俗尚勤儉，衣服飲食戒奢侈；自三十歲至六十歲之男子，皆在公共食堂會食，以養成公共心；犯此規則者，輒剝奪其公權，雖國王亦莫敢抗違也。食時以十五人爲一組，圍繞一桌而坐，食物以質樸爲主，間或飲以少量之酒；在食堂中許其談笑自由，以期親睦，年少者則聆老者之談論，藉知市民之由來及國家之大勢，並可以資言語應對之嫻習；老者又常問以處世從軍諸事，使少年者自思自答，且藉以講習敬長、慈幼、信友諸道德，其在他處之制度、規律，亦莫不如是。故其全國教育皆取國家的軍隊的主義，以期養成有規律有秩序之國民，原夫斯巴達之教育所以必如此者，蓋有不得已之理由存乎其間也。斯巴達原有之市民，僅九千戶，而被征服之土民則十倍之；況彼等土民皆渴望自由，無日不欲乘機揭竿以圖恢復，斯巴達欲以少數貴族之市民，馭此十倍富有智識之衆，非恃有偉大之武力不可。故其教育方針，務先養成强健之國民，以鞏固其市民之團結爲第一要著。然則斯巴達之教育當如何而後能養成其强健之國民乎？

公共食堂

雷克爾格斯

當紀元前九世紀之中葉，斯巴達內亂紛乘，國勢危殆，時有名雷克爾格斯（Lycurgus）者，欲救國家之急，而爲將來發達計，乃以其非凡之立法的天才，依據歷史與習慣以制定法律，世稱爲《雷克爾格斯法》（The law of Lycurgus）。《雷克爾格斯法》既成，乃假特爾斐神之神託（Oracles），曰："若能遵雷克爾格斯之法，則其國必强。"由是此法遂嚴厲施行，舉國視爲神聖不可侵犯者。其中關乎教育之規定，意欲訓練少數斯巴達人，使能立於多數奴隸平民之上。法頗嚴酷，世稱之爲《斯巴達教育法》。

教育之制度及其狀況

《斯巴達教育法》中有曰："凡斯巴達市民，不拘男女，皆必受教育。第一，强健體力；第二，陶冶愛國心，所以養成强壯國民也。"其定男女結婚之規律，曰："結婚必經國家之承認，男女婚嫁，須在二十歲以後；兩親間若有一非斯巴達人，則其所生不得認爲正當之子，一般人之子女，須受國家之檢驗。"

人之初生，卽以其酒洗其身體，蓋酒有强烈之刺激性，唯强者能堪，弱者因以致死也。既生之後，必攜至公共會議處，受官吏之命，檢查其身體；康健者，俾育於父母，得有市民之資格；其身體孱弱或器官不具者，則棄諸山谷間，聽附近之平民拾而養之，以國家爲無教育不健全兒童之義務故也。

家庭教育

兒童在七歲以前，則曰"母之子"；在家庭中使母躬親教育，然自波斯戰爭以後，上流社會之家庭，皆雇乳母或保姆，使之代理教育。其教育之方法，大抵衣服尚寬博，使無束縛身體之虞；室內燈火盛燃，以養成耐受强烈光線之習慣；時或放置暗室，任其獨寢，以剷除其恐怖、畏懼之念；時或絕食減衣，以養成能耐饑寒之習慣；且恆課以古代英雄傳記或希臘神話，以興起其尊重歷史、崇拜上帝之念。至七歲後，則爲“國家之子”，離其母而入於國立之公共教育場，托之於執政官所委任之教育官而教育之。公共教育場之設備，極爲樸素；設有公共之寢室、食堂、體操場、音樂場等，可容八千乃至九千兒童；麤衣惡食，寢褥則取河濱蘆葦爲之；沐浴卽在河中，鮮以溫水浴者。分全體兒童爲若干隊，每隊又分爲若干組，選年長者爲隊長及組長，承教育之指揮監率其部下。

公共教育之始

體操

體操爲教育上最要部分，一般兒童在教育官監視之下，承組長及隊長之指導，朝餐前與晚餐前，各行二次裸體體操，其目的未必在增强腕力與謀身體之發達，實欲以養成其尚勇忍苦之習慣，爲他日軍隊教練之準備也。此雖斯巴達之國勢使然，抑亦多利亞人特性發達之自然結果也。其教育目的，既在於軍隊的教練，故其所習武藝，皆爲劍術、乘馬、游泳、競走、狩獵、角力、投槍諸技；時又加以一種軍舞，練習時，合數人爲一組，各帶武具，編成隊伍，合音樂之拍子而行之，或跳，或踊，或仰，或伏，作與敵戰鬬之狀。

軍舞

精神的教育與音樂

精神教育以音樂爲主要學科，其目的在陶冶愛國心，鼓舞勇氣，以防放縱不羈之弊；並以供祭典之用，非特爲修養審美之情操而設也。詩歌亦然，但其詩歌中用語，多選自然的、高尚的，而足以輔助德育者；且多以“爲國而戰死”之名譽爲歌詠者。

讀書、習字，不施之於公共教育場。多利亞人多以爲此乃日常生活所必需之物，故於正課外私自習之。

特別之教育

斯巴達教育之最奇者，爲使人習竊物欺敵之術，平時教以竊取生活上必需之物，而以不爲敵所偵獲爲貴；若有不善竊取，而爲他人所發覺捕獲者，教育官輒鞭笞之，責其機事不密，被笞者雖裂膚流血，終不涕泣，甚或有因此喪命者。

軍隊的教育

至二十歲，則入兵營，任守衛，從事於軍國，受種種軍隊教育，如此練習十年，至三十歲而止。凡斯巴達人自七歲至三十歲，此二十四年之間，悉受國家及社會之教育。其一般年長者，實際上皆爲少年之教師。年長者若發見有少年之過失時，隨時皆有促使少年改過自新之權，少年若怙惡不悛，得科以嚴重之處分，是以斯巴達年長者大爲少年所畏敬也。

市民

男子至三十歲，始許其還家婚娶，得爲一家之主，並參與國家事務，取有獨立市民之資格。此後三十年間，充作現役兵；至六十歲，乃解除兵役義務，優者被選爲議員，參與國政。

女子教育

女子教育，以强健身體爲第一，同爲《斯巴達教育法》所規定也。其教育法，大抵與男子相同，但不與男子同入公共教育場，惟在家中教育之。其服裝甚輕便，便習競走、角力、投槍諸技，以活潑其身體，鍛鍊其膽力，雖在强烈日光或狂風暴雨之下，亦毫所無苦。又專有女教師教以女子本務，故皆有擔當國家大事之情意，而兼具有良妻賢母之資格。其婦女之言行，足爲後世法者，殊屬不少。某婦有五子，皆戰歿，或告之；婦曰："妾所欲聞者，不在兒之死生，唯在斯巴達之勝負耳。"又有某婦，當其子出征臨別時，授之以楯，曰："勝則持之而歸；不勝，則以此載爾尸以歸。"其勤王敵愾之忱，雖婦女亦復如此。蓋斯巴達婦人無一不以教養健全强壯之子女爲其職務，不以其夫若子之死傷而動其心也。

斯巴達教育之批評

如上所述，斯巴達之教育，其結果乃成一强大軍國，一時握希臘之霸權。當紀元前四八〇年，斯巴達留尼達士（Leonidas）據德爾摩比勒（Thermopylea）之險，率精兵三百人，以拒波斯百萬之衆，卒以戰死。其勇武之氣象，愛國之眞忱，實歷史上所罕見也。然其缺點，亦歷歷可數：一，惟重鍛鍊身體，疏於修養精神；二，將國民鑄成同一之資格，毫不許個人之自由；三，惟奬勵國家道德，而輕視個人道德；四，但知造就戰士，其他所以發達國家之道，皆杜絕之，此其大較也。

斯巴達教育之強盛時代

上述之斯巴達教育，其强盛時代，自希臘治世第一期（自紀元前一一〇〇年至五〇〇年）後半至第二期（自紀元前五〇〇年至三三八年）之全體是也。

第四節　斯巴達之教育（二）

斯巴達之教育學者

斯巴達者，如上所述，施極端之國家的、軍事的教育，以養成健全强壯之國民爲唯一目的，如斯之國民，唯知有國家，而不知其他所以發達國家之道。故其國民中能潛心竭慮從事於學理上之研究者，殆未之見。所見者，僅畢達哥拉士[1]一人而已。畢達哥拉士者，雖非純粹之斯巴達人，然其爲斯巴達發揮教育之精神，在教育史上亦不可不重視也。

畢達哥拉士

畢達哥拉士（Pythagoras）者，紀元前五八二年生於撒母斯（Samos）島。幼時，在鄉里獨修學問；稍長，遊歷埃及，專修數學；又旅行小亞細亞，後入斯巴達，研究雷克爾格斯之法律；後遂至意大利南部之多利亞人殖民地哥羅的奈（Crotona）組織團體，熱心教育，世稱之爲畢達哥拉士學派，四方來學者甚衆，至紀元前五〇〇年而歿。

畢達哥拉士之學說

畢選哥拉士向無著作，其說多傳於門弟子，彼之學說眞相果何如者？雖不得其詳，然推究之：知彼實爲一尊重調和之學者，如主張親子之調和，神人之調和，心身之調和及其他一切社會的關係之調和等，惟以使人理會有害於調和之惡性，藉得健全

---

❶ “畢達哥拉士”，即“畢達哥拉斯”，古希臘數學家、哲學家。——編者註

之調和爲教育之目的也。

畢達哥拉士之團體

畢達哥拉士之團體，如有欲入之者，須先受其試驗，視察容貌、服裝，以判別其智識、感情，合格者，然後許其入學。入學後之最初三年間，謂之豫科，專以沈默寡言、謹愼將事爲宗旨。彼則隔簾施教，不與學生覿面，學生僅聆其言，而不見其人，默坐體察，不許質問；三年後，始許記錄彼所口授之講義，陳述自己之意見，並許其質問。

學科

學科則爲宗教的道德、哲學、數學、物理學、音樂、體操諸科；就中以音樂與數學爲最重要。蓋音樂爲調和之要素，數學爲宇宙萬有之根柢故也。彼之團體，雖風靡一時，從者日衆；然未幾，卽爲反對者所迫害，學徒皆風流雲散，亡命國外，勢力遂衰。但其學說後爲門弟子所紹述，故至今猶未絕滅也。

第五節　雅典之教育（一）

雅典

雅典（Athenes）者，亦中央希臘南部亞的加（Attica）州之首府，相沿而爲國名；在伊阿尼人種中最强，稱霸一時。初爲王政，以國王總裁萬機。紀元前一〇五〇年，多利亞人來侵，其勢甚猛，國家危亡，迫於旦夕，雅典王哥德洛（Codoras）知不能敵，以身殉之。自是雅典人欲使哥德洛名傳後世，不復立王；常置執政官以掌行政。人口五十餘萬，然其中自由民僅十三萬五千人有奇，餘皆奴隸。土地雖不甚豐富，然三面臨海，交通便利，大足助文化之進步，故居民性格，活動而愛自由，高尚而好美術；又富於審美的修養、哲學的研究，無論教育、政治、道德各方面之理想，與斯巴達人大異其趣；彼等對於身體之發達，雖亦甚注重，然以爲眞正之美，僅由精神方面而發生者也。是以雅典之精神的偉人先後輩出，例如比哩吉（Perikles）、蘇格拉底（Socrates）、柏拉圖（Platon）、亞里士多德（Aristoteles）諸人，皆一代之名流也。

雅典之政治組織

雅典之政治組織，初與斯巴達同爲君主專制政體。當紀元前一〇五〇年，雅典王哥德洛殉難後，變爲共和政體，初置執政官一人，任期終身；紀元前七五二年，改定任期爲十年；紀元前六八三年，更短縮之，每歲改選一次，而增其數爲九人。紀元前六二〇年，達拉固（Drakon）被選爲執政官，厲行嚴法，犯罪者，無輕重悉處死。嘗曰："輕罪尚當死，重罪則死有餘辜，惜無死刑以上之嚴法耳。"時人爲之評曰："《達拉固法》，非墨書，實血書。"蓋譏其酷也。達拉固既沒，其領地撒拉米（Salamis）島爲墨格拉（Magara）人所奪，時平民受貴族壓制，多懷不平，甚至貧民因負債之故，多繫獄中，或被沒爲奴隸，以故國人側目，怨恫之聲日起，下流社會，憤激愈甚，幾不可收拾；及梭倫出，無論政治、社會及其他一切方面，大行改革，乃漸鎭定。

梭倫

梭倫（Solon）者，紀元前六三九年，生於雅典一貴族之家，即哥德洛之後裔也。彼資性剛勇，文武兼備，爲希臘七賢人之一。壯時嘗於阿林皮（Olympus）競技會，得一等賞，漸知名。後周遊各國，調查法律制度；歸國後，雅典人皆欽佩其性質之高尚，學識之豐富，遂選舉爲執政官，治績大舉。紀元前五九四年，膺憲政改正之任，乃察雅典弊風之所在，意圖消滅黨爭，抑制暴逆，發揮正義，闡明人道，本此種精神以制定法律及其他一切制度；例如救濟貧民法、貧富階級制度、家制、刑法等，皆爲彼所施行，又獎勵實業教育，禁奢，重農，勸民栽培橄欖，設學校三所，教養少年，使發達雅典之特質，世所謂雅典風之教育，蓋從此時始也，此等法律、制度，一經施行，大洽人望；社會秩序，因以恢復，教化事業，因以振興。彼至紀元前五五七年而歿。

梭倫的教育意見之要點

梭倫之教育意見，非若斯巴達人之偏重體育，又非若居住小亞細亞市府之伊阿尼人之專求文學，實能折衷於二者，以樹教育之標準。其教育之目的，即在完全發達雅典人特有之慈愛心與獨立心。彼之《教育法》內容有曰：“市民皆有使子弟習體操及音樂之義務；違者當科以譴責。”又曰：“父母唯能教育其子者，老年始得享有子弟奉養之權利；苟其子不知報恩而怠於奉養者，則爲子者失其市民之名譽與權利。”又曰：“學校日出以前不可開，日沒以前不可閉。”

梭倫離職之後，繼其任者莫不恪守梭倫立法之精神，其制度日益發達。當時雅典之文明，由是遂得有長足之進步矣。　梭倫辭執政官之職

次試述當時雅典教育之狀況：　雅典教育之狀況

雅典自古即行一夫一婦制度，梭倫更定之於法律，欲使永久維持。凡男子二十歲，入市民籍，許其結婚；女子十四歲，許其出嫁，既嫁之後，除祭日或有宗教上特別事故外，概不許入稠人廣衆之場，終日唯以整理家政、奉事舅姑、順從其夫爲天職。　家庭　女子之境遇

男子初生，多由親母或保姆養育之；但當希臘盛時，家庭皆以雇傭乳母爲常例，乳母則以奴隸充之，而待遇頗優，視同家族。上流社會，爲謀兒童身體康健計，其乳母多由斯巴達雇入，兒童達一歲有半，乳母乃讓其任爲保姆，保姆以年長婦人充之。教兒童以遊戲及其他方法，即：（1）强健身體，（2）尊敬長上，（3）道以古代英雄傳記及希臘神話等是也。七歲入學，爲兒童就公共生活之第一步，是爲第二期之教育，但此期之教育，與斯巴達不同，無國立之公共寄宿舍，兒童各居家通學，此時已離乳母而有教僕（Pedagogue）以伴之。教僕者，儀容端正，衣冠高雅，然於學問上毫無素養，故不能躬親教育之事，唯使伴兒童往來學校，以監視其行爲而已。當時雅典之教育，非國家事業，乃私人所經營也。故國家雖認教育爲家族及國家之有益事業，然其法律除規定須負擔教授音樂與體操之義務外，其餘皆聽父母之自由。　第一期之教育　第二期之教育　教僕

音樂與體操

音樂與體操，既爲義務的教科，故此二科最爲注重。教授之時，先體操而後音樂，兒童受家庭教育之後，即受此體操之教育。體操之教育，在體操學校（Palaestra）以任體操教師及其助手教授之。教育既爲私人經營之事業，故此等學校，雖受國家之監督，然純然爲私立的，教師僅恃學費之收入而生活者也。其教育之方法：晨起，先聚於一定之處，用軍隊之步法，排成行列，整隊入校；至校時，先致禮於教師，次致禮於學校所祀之武神，然後入體操場。體操之目的，在調和發達其體力，使其體力爲意志所役用；所習之武技，亦與斯巴達相同，則爲游泳、跳高（蝠飛）、競走、抛圓盤、投槍、角力等是也。就中以游泳爲最重要，欲以增進康健，强壯體力。其餘跳高、競走，以練其足；抛圓盤、投槍，以練其手；角力，以練全身及氣概；時又加以跳舞及其他遊戲，以爲可以養其共同心也。

體操之教育

精神教育

精神教育，以文法科與音樂爲基本教科，前者由所謂文法家（Grammatist）教授之；但文法家聲望較低，不受世人所矜式。柏拉圖嘗曰："文法教授之職，若使市民充之，則未免失之太卑，毋寧聘用外國人之爲愈也。"徵此一語，則文法家在社會上占有如何之地位？可想而知矣。

文法科

所謂文法科者，包括當時之所謂普通學科：如讀書、習字、算術諸科在內者也。讀書，先授單字，漸次及於綴字、發音；更進授以言語之構造，使習國語之全體；讀本之內容，採用所謂希臘教育之基礎：如荷馬與海希窩特（Hesiad）之詩歌及梭倫之法律而編成之，所以欲國民讀是等書者，則前二者，欲使洞知希臘建國之精神，並以增進其審美道德與宗教等之情操，且使習知作文之法；後者將以培養其法律思想，國民思想，並藉讀文以練習地理觀念。習字，先使用石筆書於蠟塗板，後用墨汁書之，教授時，其最初教師執兒童之手，教之學習；至稍熟練時，使之騰寫抄本或默寫。算術，最初用手指計算之方法；其改用計數器，視前尤爲便利。

音樂科

眞之音樂教授，頗占文藝中之重要地位。然音樂科與文法科同時教授，蓋音樂教授之起源，遙在文法教授之後，故最初專使文法家兼行教授之；厥後雖有專門音樂師出而專任教授，然尚多在文法學校行之。其音樂教授之目的，並非在於娛樂，專在使其移風易俗之特質深入於人心，以陶冶其道德的品性，鍛鍊其審美的情操，以樹立所謂希臘教育之眞的基礎也。如斯之思想，嘗爲比哩吉所首唱；而柏拉圖亦謂國家秩序一日不變更，則音樂一日不休息；又謂希臘人不解音樂者，不得謂之士君子。徵此數語：則希臘人之重視音樂可知矣。希臘之音樂，以單音兼有勇壯活潑之精神爲主。聲樂，器樂，兩者俱備；前者與詩歌合奏，後者單用笛、絃琴、提琴之類。此等樂器及其曲律，各具有特殊之作用，足以興起人心上之各種特殊的精神；例如笛能喚起熱情，絃琴及提琴能篤厚德性，弗利家（Phrygia）及呂底亞（Lydia）風之曲，能柔和感情之類是也。

第三期教育

上述之學校教育，至十六歲而止；十六歲以後之教育，依然以體育與音樂爲主。體育，在體操練習所（Gymnasien）行之。此等體操練習所，皆用國家款項而設立，其中有庭園、廊廡及廣大之房屋；又飾以諸神諸勇士之像，場中非唯供鍊武技藝而已；又爲交際之集會所及精神之修養所也。彼等國民之入此場，即不用教僕，行動自由，終日費於此場之時間最多，或共同運動，或與朋輩交際，互相討論，因而習知政治學，通曉國家行政事務，以擴充其國民之智識，普及其文化之事業，故此等體操練習所，實爲新思想之淵源也。音樂則更使練習既授之樂歌與樂器，期臻於完善。

高等教育

上流社會之國民，更進而研究高等文學上之教育，其課程即在彼等由初等教育家所習得之智識之上，更授以文法、詩句、修辭及其他深遠的文學上之智識也。如斯之教育，至十八歲而止。

雅典之士族

十八歲以後，即成國家之人，得有士族之資格，然猶必入城外野營，從事於野外演習二年，使慣於戰鬬，熟於地理；又使爲地方巡察官，習知法律之施行及行政之事務，至二十歲，始爲完全士族，住於城內，以盡士族之一切義務焉。要之，自十八歲至二十歲所入之學校，即爲國家，其課程即爲國家之職務也。

女子教育

女子教育，不甚注重，與斯巴達適成其反。女子終生深居內室，閨門惟謹，故身體柔弱，容顏蒼白者，比比皆是。其在社會上之地位，甚屬卑賤，與東洋諸國之婦人同一境遇，蓋男尊女卑，乃希臘人一般之思想。亞里士多得曰："女子者，人類理想之不完全的表現，世有女子，實造化之失策也。"故希臘除斯巴達外，對於女子教育，極不講究，彼等女子，既不能入校就學，又無家庭教師之訓迪，唯在親母或保姆之下，學習紡績、縫紉、編物、烹飪、唱歌及其他宗教上之儀式，與一般之禮儀、作法；且不設一定之時間，不立一定之規律，利用修治家政之餘暇而教育之而已。蓋當時一般之社會，以品行端方、能修家政者，爲女子之美德，故女子教育之理想，唯在養成無非禮儀之資格，使習知他日教育子女，製造衣服，調理飲食，使役婢僕之道而已。其他學問知識，皆以爲有損於淑德與審美者，概棄勿取。

雅典教育之強盛時代

上述之雅典教育，其强盛時代，則自希臘治世第二期（自紀元前五〇〇年至三三八年）至第三期（自紀元前三三八年至一四六年。其年卽爲羅馬所滅亡）。之全體。當第二期後半，波斯戰爭之際，雅典所以當前敵而獲全勝者，皆其教育之功也。雅典自波斯戰爭獲勝後，卽代斯巴達握希臘之霸權，世稱爲"黄金時代"（Golden Ages）但此時代前後之教育，大有不同。以上所述，卽雅典前期之教育也。吾當更就雅典後期之教育而敍述之。

第六節　雅典之教育（二）

比哩吉之時代

所謂比哩吉[1]（Perikles）之時代者，即雅典之最盛時代也；世稱爲“黃金時代”。比哩吉者，古今大政治家也，雖生於閥閱之家，然彼常嘆希臘之分裂，存一以雅典爲中心而統一希臘之理想；又能採納民意，改正憲法，提倡民權，實行民主政治，不獨政治，即學術、技藝方面，亦大加獎勵，蓋彼亦欲以此使雅典稱霸於希臘矣。於是彼以愛國熱忱與辯才握雅典大權者三十年（自紀元前四六〇年至四三〇年），徵集四方學者及美術家，獎勵商工業，擴張海軍，雅典遂達於極盛，即所謂“比哩吉時代”是也。雖然，自是而後，上下社會間有幾多之弊害，實已醖釀於斯時，人心腐敗，風俗衰微，教育上亦蒙種種之影響。學校之音樂，不如昔日之嚴整，其所授之音樂，係一種柔弱之音樂，昔日爲高尚的，今一變流於感情的；昔日爲道德的，今一變偏於智的及美的，以此之故，昔日一般所行之單純的音樂，完全絕跡，今一變爲極複雜者也。體操學校，亦大變其面目，昔日所盛行之活潑而且勇敢之運動，甚陷於不振之狀，今一變至於專以粉飾身體，追求快樂爲主矣。如斯教育上之傾向，最初皆淡然視之，以爲無足輕重之數，然一至紀元前第五四世紀之頃，此

教育上之新傾向

[1] “比哩吉”，即“伯里克利”，古希臘著名政治家。——編者註

新傾向之勢力，非常膨漲。究其原因，實在於受哲學及其他文藝上之新運動之有力的影響故也。當時從事於如斯運動之代表者，則爲“詭辯學派”是也。

詭辯學派哲人運動

“詭辯學派”（Sophist）者，Sophism 哲學之一派，世稱之爲“哲人運動”，起於紀元前第五世紀後半，勢力極盛；屬於此派者，如哥爾期亞（Gorgias）、邊羅特哥拉（Protogoras）、希比亞斯（Hippias）諸人是也。彼等最初但以各種智識教人，後傾於懷疑態度，遂以天則（自然）與人則（法律、習慣、制度、風俗）相對比。謂天則不變，人則則隨時隨地而異，非能永遠不變者，故人人可隨意破壞之云。邊羅特哥拉曰：“世之所謂眞理者，人各自以己所信仰者爲眞理，故無論學問上，或道德上，從未有客觀的普遍的眞理之存在，人者，萬物之尺度也”。哥爾期亞曰：“世界中向無實在之存在；藉曰有之，吾人決不能認識之也；藉曰能認識之，決不能傳之於他人也。蓋言語者，不過一種之符號，乃非實物故也。”彼等不僅意存傾覆倫理道德之根柢而已，且於法律方面，大加攻擊。謂法律爲壓制人民之具，以强迫的手段使人民背於自然者也。希比亞斯曰：“人民遵守法律，果有何等之效果乎？夫法律爲束縛弱者之具，强者自作法而自破壞之，不僅法律爲然，卽道德亦如是耳。”一時逞其辯論，而學者靡然從之。

詭辯學派之影響

如斯影響之所及，則雅典固有之個人的傾向，益逞其勢力，甚至高尚之學問，往往教之者爲利益而教也；學焉者亦爲利益而學也。彼宗教的神話及傳說之類，皆失道德上之勢力，舉世滔滔惟利是圖，道德淪亡，莫此爲甚！當此之時，有蘇格拉底其人出，欲維持一世之風教，以改善社會爲己任，遂與“詭辯學派”極力論難，救正其失。

蘇格拉底

蘇格拉底（Socrates）者，雅典人，生於紀元前四六九年。父爲雕刻師，母爲產婆。彼初習父業，而有志於學，受業於普羅特格斯（Prodikus）及達們（Damon）之門，委身於學術之研究。彼形顏醜陋，性行嚴肅，度量寬宏，意志鞏固，有犯而不校之氣概。當時雅典與斯巴達有隙，伯羅奔尼撒戰爭遂起，彼年三十有九，應募從軍，出戰數次，遂以勇敢顯著於世。

蘇格拉底之性行

蘇格拉底之教化事業

當時雅典之國人迷信邪說，耽於奢侈，浮華爲風，輕佻成俗；蘇格拉底慨然憂之，乃常敝衣跣足，奔走市井，或立簷下，或借屋隅，逢人輒談眞理，講道德，以挽回風化、教育少年爲己任。其熱忱往往於掊繫社會腐敗之餘，嘲笑貴紳，痛罵豪族，世之凡俗者流，不察其眞意之所在，妄懷怨恨，遂誣以倡新教、不信國教、蠱惑青年三大罪，被議死刑，門人聞之大驚，屢勸其抗辯，彼止之，曰：“我今日追隨於諸先哲之神靈遊矣。”當其行刑之日，門人皆歔欷涕泣，莫知所措；彼猶從容對其門人談“靈魂不滅”之說，欣然仰藥自盡。時紀元前三六六年也。

蘇格拉底被議死刑

蘇格拉底之學說

蘇格拉底之學說，不涉及“形而上學”之問題，亦與神學問題關係極少，專限於倫理學之範圍也。彼嘗謂人之爲善由於知，爲惡由於不知；人若收得善惡之觀念，決無不起務善去惡之念，人之所以爲惡以陷於不幸者，實無智識之故也。彼乃以智識與道德，視爲同一之物，唱“知德同歸論”。又謂道德之結果爲幸福，故智識之結果亦爲幸福，吾人欲躬行道德，追求道德者，皆宜從事於研究學問，以豐富其明確之智識而後可。質言之，有智識者，必有道德也。教育之任務，實在於此。彼乃遵此原理及自已所發明之教授法，以從事於教育。其教授法分爲二種：一曰消極的方法，一曰積極的方法。消極的方法者，即所謂“反詰的問答法”（Soknatische lronie）是也。彼先自宣言爲一無智者，特設一問題，質問於人，人若以爲知之，彼乃變換言語之秩序，更設種種之詰問，與之辯難攻擊，使之陷於自相矛盾之境，然後指摘其差誤之處，使人自悟其前之所云已知而實不知者，人一自悟其無知，則追求智識之念，勃然而起，即學問進步之出發點也。彼嘗曰：“人皆謂我智慧，實我之克勝於人者，在能自知其愚拙耳。”其教人之法，先發疑問，後乃以直言告之。即先以“消極的方法”，後乃繼以“積極的方法”是也。“積極的方法”者，即所謂“智識的產婆術”（Mäeutik）是也。彼由前者之方法，使人已悟其無知，因而引種種事例，次第啓發指導，使自達於有系統之智識。簡言之，即使達於正確之概念之謂也。彼以爲眞正之智識者，即眞正之判斷，亦即眞正之概念也。眞正概念之決定，即所謂定義也。易言之：定義云者，係必然之論理的結論之概念，即由箇箇之觀念而到達於普遍的觀念之謂也。彼之對

蘇格拉底之教授

反詰的問答

智識的產婆術

定義之意義

話，常至於此定義而止。如斯之方法，世稱爲“蘇格拉底之歸納的研究法”（Method of Inductive Investigation）。彼以此例其母之職業，效產婆之扶助產母，而自小及大，用問答以啓發其固有之性能，故名之曰“智識的產婆術”。彼嘗曰：“余非授智識者也，余乃使自產智識之產婆也。”此法實爲教授眞諦，彼之所以爲開發主義教授法之創始者，職是故耳。

蘇格拉底爲歸納法之創始者

蘇格拉底之如此盡瘁於教育界者，二十年如一日，益以學問深邃，品性高尚，足爲百世之師。四方從遊者日衆，輻輳於彼之門，所謂“蘇格拉底學派”於是乎發生矣。吾人於此學派中有與教育最有關係者，得二人焉：一曰色諾芬，一曰柏拉圖是也。茲分別敍述之。

蘇格拉底學派

第七節　雅典之教育（三）

色諾芬

色諾芬（Xenophon）者，生於紀元前四四五年，希臘歷史家、文學家兼軍人也。彼本雅典良家子，入蘇格拉底之門，且與之爲親友。彼熱心紹介蘇格拉底之實際的方面，與柏拉圖之學理的方面，可謂難能。其著作有《大事記》（Memorobilia）一書，記錄師之事蹟甚詳，方辯師死之失實。至紀元前三五五年而歿。

色諾芬之教育意見

色諾芬之著作，於教育史上最有價值者，曰"Kyru Paideia"，是書專描寫古代波斯人之教育法。其他著作於教育問題上論及興味之處亦多。彼雖爲雅典之人，然對於斯巴達及其法制深表同情，故於雅典當時實際所行之教育，有所慊然。於是送其子留學於斯巴達。彼之信愛斯巴達，雖不敢遽然離雅典而赴斯巴達，常與多利亞人相接近，故其學説偏於保守的、復古的。其教育之理想，亦帶有斯巴達之風，注重於武的道德的方面；而智的方面之教育，全忽略之而不講。嘗謂正當之教育，不在於罰，而以祛除缺點，而防患於未然之有力的指導爲主也。青年教育之主要任務，不在於智識之獲得，而在喚起高尚的之情操與實用的之技能也。然而吾人若有鑒於當時雅典風俗之頹敗，則可知色諾芬之教育思想所以應時勢之要求，爲一種補偏救弊之舉，而不可漫稱爲誤謬之思想而排斥之也。彼之女子教育論，爲當時之產物，確有一顧之價值也。

色諾芬之女子教育論

當時雅典之女子教育，如前所述，純爲消極的，不過一種家庭上之家事教育耳。彼能窺破其弊之所在，乃使女子從事讀書、習字及其他種種之文藝，以鍛鍊其精神，使之對於治家相夫之事業，毫無遺憾。由此觀之，彼之思想，與近世女子教育之理想實相吻合。在雅典之時代，能發如此之思想，亦不愧爲一種之卓見也。

柏拉圖

柏拉圖從學蘇格拉底

柏拉圖（Platon）者，雅典人，生於紀元前四二九年。家世仕族，資產豐富，夙受上等社會之教育，長

柏拉圖從學蘇格拉底

柏拉圖之志向

於體操，詩文尤工，哲學、數學等書，無不涉獵。年二十，始就學於蘇格拉底，前後八年，造詣頗深。彼之素志，在於政治。蘇格拉底歿後，周遊四方，遂至意大利，謁敍拉古斯（Syracusal）王日痾尼周（Dionysius）一世，陳述自己平生所懷抱之政見，請其施諸實際；王大怒，直命有司捕之，引渡於斯巴達之大使，遂被賣爲奴隸，後爲“犬儒學派”(Kyniker)所買，始恢復自由。紀元前三六八年，日痾尼周一世歿，日痾尼周二世即位，彼復至西治里（Sicily），請王實行其政見，會王與義弟不和，事不果行，僅全生命，歸雅典，如此往返者三，經許多之危險，欲貫徹其素志，而事終不成，遂斷念於政治上之活動。紀元前三八七年，彼在雅典之近郊阿加的米（Academy）地方，設立一學校，集諸子弟講學，不取報酬。其教授之方法：一爲連續之講演，一爲發展思想之對話，世稱爲“阿加的米學派”（Academist）是也。至紀元前三四七年而歿。

阿加的米學派

柏拉圖之學說

柏拉圖之學說，見於《共和國》（*Republica*）一書，是書專論彼之所謂理想的國家，以示其教育之方針，彼嘗謂國家爲一有機體，蓋國家之有執政者，猶人之有理性以支配其全身也；執政者，屬於國民之第一級也。有軍人以防內憂外患，猶人之有勇膽也；軍人者，屬於國民之第二級也。有人民，猶人之有感情也；人民者，屬於國民之第三級也。然一般人民，唯遵奉執政者之命，各自行其所持之職業而已。軍人者，輔助執政者以指導全國國民，須

柏拉圖對於國家的意義之解釋

柏拉圖之教育說

有生存之最高形式，即所謂神聖的之生活，蓋以其能達國家之終局目的也。彼之對於國家之理想，不外乎此。故彼以爲第一、第二兩級，必受教育；第三級，唯使粗知通商之道而已，彼之教育說，不外乎一種斯巴達之國家的教育與雅典之審美的教育之調和也。彼嘗謂國家爲最高主權者，無國家，則道德無所施；各個人之道德，若唯就本身言，亦不完全，必相依相助，以廣之於國家，始結合也。國家既爲伸達道德之機關，則必使其國民悉一致以向此目的；教育者，即使國民能達此目的者也。彼執政者及軍人者，國家組織之一部分，其職務在於全體之保持；若唯就執政者及軍人本身言，不有意志，不有財產，不有家屬，所謂財產妻子，唯國家有之，國家自有選擇配偶之責；凡男女能在嚴格規律之下共同生活，心身俱優者，使成配偶；其所生之子女，爲國家所公有，不許父母各私其子女，任情而溺愛之，須一律收容之於公共養育所而養育之，使親子全不相識，教育之權，一操之於國家，不許父母置喙於其間。男女受同一之教育，其方法：首三年以身體之運動爲主，自三歲至六歲，教物語、遊戲等，以陶冶其心情，合斯二者，以謀心身優美之調和也。至七歲時，始男女分別教育，心身之教育，益加嚴厲施行也。

現今社會的教育思想之淵源

軍人之教育

軍人之教育，以體操、音樂爲主。體操則爲角力、舞蹈、戰法、獵狩諸技。角力者，以發達其四肢腰部，使不至於畸形；舞蹈者，以調和其身體各部之運動，使至於優美；戰法者，使練習夫操弓、馭馬之諸技；獵狩者，使習知指縱獵犬，捕獲禽獸之法；音樂則包含種種之學科。音樂教授，以十歲爲始，先教字母，漸次及於讀書，習字、算術諸科。讀書，採用詩人之著作，使之誦讀；習字，貴迅速，養成熟練之技能；算術，不務實用，僅使發達其理性。至十六歲，始有所謂眞之音樂教授，其目的非在於求快樂，實在於得善美之正的模範，以養成種種道德上之美德也。柏拉圖以爲教育偏於體操者，易陷於鄙視精神，毫無高尚之趣味，驕傲成性，稍遇逆意，動輒以腕力威壓他人；偏於音樂者，則失於柔弱，毫無振作之氣象，安逸成性，力避筋肉上活動之事業，所以體操與音樂二者，務宜均齊教育，若缺其一，即不能奏完全教育之效矣。

執政者之教育

執政者之教育，即拔擢軍人中之心身最發達、足以爲執政者，於軍人教育之上，更授以幾何、天文及修辭諸科，使之加功深造，銳意鑽研，如此習十年之久，以爲治哲學之預備，後再專治哲學五年，至三十歲，始出世而練習國家事務，至五十歲，始使爲執政者，彼曰：“非哲學者不能治國，必哲人在位，國家始得存立。”

哲學者之意義

然則柏拉圖所謂哲學者之意義爲何如乎？彼曰：哲學者，研究觀念（Idea）理想世界，超然於現象世界者也。蓋現象世界爲理想世界之寫影，乃非實相也。哲學者，僅愛智識而無肉體上之欲望，其思想常亙古今、通上下，而不屑齷齪於現世之事

柏拉圖對於哲學者之辯護（一）同前（二）

情，故能勵行正義，實踐道德，雖萬死亦不變其節，如斯之哲學者，始有執政者之資格。然而現今之社會，道義淪亡，已達極點，一般偽學之徒，不問自己有無哲學者之資格，動輒存一覬覦執政者之心；反之，所謂眞正之哲學者，全爲所排斥，不能自由活動，論者或以爲現今之哲學者，皆不備執政之品格，無一可以爲吾人所尊敬者。此說姑信以爲眞，試問如斯之惡劣社會，有何造成其眞正哲學者之資格乎？譬之樹藝，任如何之善良種子，若地味磽薄，斷不能收善良之結果，故眞正哲學者所支配之社會，必其社會先備一可以爲眞正哲學者所支配之資格也；苟社會無此資格，則眞正之哲學者不出，亦無出之必要也。是故欲期有善良之社會，得善良之哲學者，不可不留意於教育，尤不可不盡力於哲學者之教育也。茲之所謂哲學者之教育，卽彼之所謂執政者之教育也。

哲學者之教育

女子教育，彼亦甚注重，彼深以斯巴達之女子教育法爲然。嘗謂女子能力之性質，與男子無異，所異者，唯程度問題耳，故女子應有與男子受同一教育之權利。其十六歲之女子，亦習體操、音樂二科，如將來爲執政者之妻，則亦必學哲學云。

柏拉圖之女子教育論

要之，柏拉圖之教育學說，在以個人爲國家之一分子，務以教育發達其心身，以養成能盡國家一分子之任務，實現其國家之目的之人也。彼晚年所著之《法律論》（*Nomei*）一書，其中有一著名之教育定義，曰：“善良之教育云者，乃養育兒童之身體與精神，使發達至美妙完全者也。”不寧惟是，抑彼對於自己所期之教育如何施於實際，能爲明白的說明者，世稱柏拉圖爲教育史上最初以組識的研究教育之一人，豈無故哉？

第八節　雅典之教育（四）

柏拉圖之後，繼之者，亦爲希臘之偉大的教育家，即亞里士多德是也。

亞里士多德

亞里士多德（Aristotle）者，紀元前三八四年，生於希臘殖民地答拉西（Thracia）之斯達基拉（Stagira）地方。父名尼古姆克斯（Nikomachos），業醫，兼精自然科學；後彼本科學的精神，以創立百科之學，實受其父遺傳之精神也。彼年十八。赴雅典，入柏拉圖之門，師事柏拉圖，約二十年之久；柏拉圖歿後，彼聲譽漸著。先是其父爲馬基頓（Makedonia）王阿明達斯（Amyntas）之侍醫，頗爲王所信任，因而彼之才名，頻聞於馬基頓之宮庭。紀元前三四二年，馬基頓王腓立波（Philip）以厚禮聘彼爲王子亞歷山大（Alexander）之師傅，時亞歷山大年甫十三，由是彼聲名大振。然亞歷山大大王卽位後，未幾，彼復歸雅典，專心著述，從事教育，在雅典之東郊來加安（Lykeion）地方，設一學校，教授學生，常率其學生逍遙於綠蔭之下，講論一切，世稱爲“逍遙

亞里士多德爲亞歷山大之師傅

逍遙學派

學派”（Peripatetik）然而彼教授科學的智識時，又採講演教式也。

彼之著作甚多，其最著者爲《論理演繹法》。當亞歷山大大王逝世後，雅典人有不快於馬基頓者，歸怨於彼，誣彼爲無神論者，屢試謀害，彼乃避難於加爾基斯（Chalcis），寄託遺稿於門人德阿弗拉斯達（Teophrastus），遂抑鬱而卒，時紀元前三二二年，即彼年六十二歲也。門人將其遺稿深藏窖中，欲俟異日再付剞劂；未幾，門人亦歿，傳至羅馬之世，始發現其遺稿，惜爲蠹所蝕者，已過其半；中有關係於教育者，除《尼克麻克陽（Ethik Nikomacheia）倫理學》與《政治學》二書外，别有題爲教育之研究者，則今已無傳，誠學界之一大恨事也！

亞里士多德之學說

亞里士多德之學說，以爲人世之終局目的在於幸福。顧彼之所謂幸福者，非通俗之所謂感覺的幸福，而爲理性所支配，以實行道德的生活之結果之謂也。然彼亦非輕視權力、運命、優美等關於幸福之外的手段，不過以此等爲幸福之消極的條件而已。其積極的條件，則謂之德。德者何？即所謂勇氣、自重、寬大、威嚴、節制、克己、正義等是也。此諸種皆合乎中庸之道，例如粗暴與卑怯之間有勇氣之德，傲慢與卑屈之間有自重之德，吝嗇與奢侈之間有寬大之德等類。然此諸德，並非與生俱來，特吾人之生初，即具有一種趨善之自然的傾向及衝動耳。簡言之：即趨善之性向是也。但此種性向，若非永續的練習，或賴理性之力以爲指導，終難見其發達。故欲使人成德，不可不備有性向、習慣、理性之三要件也。教育上所最當注意者，兒童初生，本無有德，故亦無幸福之可言；吾人欲使兒童成爲有德者，須永久陶冶其善良的意志；此善良的意志活動之習慣性，即謂之品性；最高之德，不可無此品性也。然人爲社會的動物，人決不能孤立，而實現此最高之德，必有完全之社會，始能達此人世之終局目的也。但社會之形式不一，而最完全者，莫若國家。吾人恃有國家，始得爲共同生活，始得自全其幸福，故國家爲個人幸福計，不可不設以種種制度；而爲國家自身之永久存在計，又不可不教育此組織國家之國民也。蓋國家自身之目的，在於國民之幸福，故其設立制度教育國民，皆所以實現其自己之目的也。個人之幸福，由道德的生活而生；國民全體之幸福，亦由國民全體之道德的生活而成。是故教育之目的，在使人無論其爲個人，爲國民，皆須完全營其道德的生活也。

品性陶冶與德之完成

教育之目的

教育之方法

亞里士多德之學說，既如上述。然則彼之兒童教育方法果何如乎？彼嘗謂兒童生後，最初五年間，爲體育之時期；在此時期內，學問及其他作業，皆不可施教，蓋以其有害於身體之發達也。故此時期之教育，僅使兒童養成堪受風雨寒暑之習慣，以增長其皮膚之抵抗力而已。欲達此目的，須以遊戲爲主；遊戲者，最適於兒童之生活者也。自五歲至七歲，爲第二期之教育；在此時期內，使兒童觀察他人之勉學，於不識不知之間，養成其好學之習慣，然

五期之教育

初不可課以一定之學科。對於男女，當各施以特別之注意，如女兒身體孱弱，則時加以保護；男子身體强健，則時加以監督。以上兩期之教育，皆爲母之任務。一逹七歲，則施以公共的教育，是爲兒童教育之第三期，至十四歲而止；在此時期內，以體操爲主，其目的在養成兒童之强健及勇氣也。並課以讀、寫、圖畫、音樂諸科；音樂之目的，在洗滌其卑野之感情，涵養其高尚之情操也。自十四歲至十七歲，爲第四期之教育，卽學問最進步之時期也；在此時期內，多施以智的教育，且嚴課體操，養成忍耐之精神；惟身體及精神之教育不可同時施行，蓋以精神之疲勞有害於身體之發達；而身體之疲勞，亦有害於精神之發達故也。自十七歲至二十一歲，爲終期之教育；在此時期內，授以較高尚的[1]之學科；又欲從事於特殊之職業者，則施以專門的教育。

綜合以上所述之五期教育，卽吾人一生之教育也。自第三期至第五期，體育、德育、智育，三者並行；唯彼特注重少年之德育，蓋以此爲獲得人生幸福所必要之條件也。

德育

亞里士多德之德育說，以性向（人之自然的性情）、習慣、理性三者爲必須之條件，前已詳言之矣。但此三者之中，在實際教育上，彼又以習慣爲最重要，嘗謂教育者，不可不常使兒童修養節制、

[1] “的”，疑爲衍字。——編者註

勇氣及順從之習慣。

智育及體育

其智育及體育之說，以爲教育上所授之學科，除體操、音樂之外，以讀書、習字、文法、修辭等爲主；時又加以圖畫。夫體操科，所以使兒童調和發達其身體，養成健全雄偉之氣概，並非專爲强大腕力而已也。音樂科，雖係爲休養而謀快樂之一種手段，並所以使閑暇時間，勿消費於無益之事；然其主要目的，則在於品性之陶冶；若欲由此而養成音樂專門家者，其目的斯誤矣。讀書、習字、文法、修辭諸科，皆爲日當生活所必需，務宜特別注意。就中文法一科，爲其他諸科之基礎的智識，尤不可忽略。圖畫科，所以賞玩或批評美術上之作品，亦屬必要。數學科，與善惡或審美無甚關係，可付諸闕如。哲學科，在人性發達上爲一種最重要之學科。

亞里士多德教育說之缺點

亞里士多德之教育說，已如上述。然彼以教育僅限於市民之男子，至於女子及奴隸之教育，毫不注意，此其教育說上之大缺點也。雖然，彼能以該博之學識、深遠之觀察，概括種種之智識，組織種種之科學，貢獻於教育學術之上，厥功匪鮮！故不可不在教育史上特筆而記之也。

第九節　希臘教育之衰替

斯托亞

雅典自亞里士多德以後，繼之者雖有“斯托亞學派”（Stoa）及紹述柏拉圖、亞里士多德學說之種種學派：如所謂“愛丕克羅斯學派”（Epikuros）、“懷疑學派”（Scopticist）等相踵而起，於教育上不乏貢獻。然當時希臘國運已非如昔日之隆盛，此等教育家亦惟能講求個人自修之道德；至於國家，則莫能爲力矣。彼以勇武聞名之斯巴達，至此亦已衰頹。雷克爾格斯之法律，全失其勢力。人民惟富貴榮華是求，奢侈之風日盛；共食制度，雖依然存在，然徒具形式而已。風俗頹敗，莫可言狀。當時雖有少數憂國之士，出圖救治，然時勢滔滔如此，誠有一木難支大廈之歎。於是斯巴達之教育，亦與國運俱亡焉。

斯巴達之衰頹

至於雅典則何如？雅典自伯羅奔尼撒戰爭以來，文藝、技術方面，雖日益發達，然國民教育之精神，日漸衰替，一遭馬基頓之勃興，雅典特有之自由，全爲所蹂躪，風教頹亂，莫此爲甚！又自亞歷山大大王東征之役，一時希臘文明，雖有壓倒東方諸國之勢，然而東方諂諛卑鄙之風，突然侵入，雅典固有之獨立心、愛國心、公共心，竟隨風而靡矣。於是士大夫之研究辯論者，亦專效婦人女子態度，以巧言令色爲尚。體操一道，雖未廢棄，然絕不含道德陶冶之意，専以優美其身體而已。其後當亞歷山大帝國瓦解，馬基頓遂爲羅馬所併吞之時，雅典及其他希臘各國，雖有圖恢復之舉，然國內紛爭不已，人心涣散，終無濟於事。至紀元前一四六年，希臘全國遂盡爲羅馬所滅亡，於是希臘之教育亦湮沒

雅典之衰頹

希臘之滅亡

而無聞矣。

雅典與斯巴達教育之比較

綜上所述，希臘之教育，已得知其梗概。茲更就雅典與斯巴達教育之異同，敍述之如下：

（一）雅典之教育，雖以精神與身體之調和的發達爲目的，然其實則偏重於精神；斯巴達則反是，其教育專以身體之强健爲目的；故雅典之精神的偉人輩出，而斯巴達以强兵著名。

（二）雅典爲父母者，皆有決定兒童教育之方針，及實行其教育之權利；斯巴達則反是，專由國家之手，施以劃一的教育，斯巴達兒童全不解家庭樂趣，而馴養有殘酷好戰之風。

（三）雅典注重文藝教育，相誇以藝術，而競以製作品爲市府之裝節；斯巴達則反是，毫不解文藝之趣味，常抱一巧於戰鬬而富愛國心之觀念。

（四）體操、音樂，爲教育上之主要手段，可使兒童有嚴格的服從之習慣；關於此點，兩國同一主張，惟雅典先使兒童訴諸理性，然後服從；斯巴達則直以强迫的手段，使兒童盲從。

（五）雅典之教育，隨人民之發達而變遷；斯巴達始終停滯，止於同一之模型。

（六）雅典之教育，有公共的、人道的精神；斯巴達之教育，唯知有國家，蔑視人道，陷於利己之弊。

（七）雅典女子教育，不甚注意，故女子不能受公共之教育；斯巴達則反是，唯斯巴達之女子教育法，偏於男性，非吾人所敢贊同也。

第三章　實際的教育

第一節　上古羅馬之教育（一）

羅馬之起源

羅馬據地中海之一大半島，在意大利仾伯（Tiber）河岸成一都會，是爲羅馬市，由市而發展之，則羅馬國（Roma）建焉。其市民曰羅馬人。就地勢而論，山脈起伏，所在皆是，沃土瘠地，散佈四方，有高原，有平野，氣候溫和，物產豐富，彼羅馬人民之所以能發展其文化者，實其地利之關係使然也。蓋羅馬人民，厥初不過居住於巴拉的弩岡（Palatine Hill）一小村落之土民耳。然而彼等能感會風雲，奮其智力，攻城掠野，吞國幷州，遂建立一大帝國者，豈無故哉？

羅馬國民之特性

羅馬國家之起源，旣如上述：則可知羅馬人民，非由一種民族自然膨漲而成，實由多數人種集合而成者也。故羅馬人之國民性，非單純的，實合種種人民之特性爲一爐而鑄之者也。言其優點，則意志强固，智謀深遠，重信義，尚廉恥，胸襟寬大，而具堅强之愛國心；言其劣點，則殘忍苛刻，窮兵黷武，無相親相愛之同情，乏社交友道之睦誼，苟非親族，雖細微之事，無契據不足以徵信，由此觀之：則可知羅馬人民之性質，非有雅典人之風，實有斯巴達人之風；非理想的性質，乃實際的性質也；非文學的性質，乃軍人的性質也；非富於想像之人民，乃專於政治、法律之人民也。昔之羅馬以法律國見稱於世者，職是故耳。惟其人民偏重形式，好談法律，尚實際而喜功利，故不能如雅典人之有精神的、思索的頭腦，而從事於學術之研究；是以羅馬之教育，較之於希臘，則有大相逕庭者。然則羅馬之教育，遂無研究之價值乎？曰：否否，世人不云乎？"羅馬之滅亡，卽世界之終局也。"何以言之？當時羅馬帝國之版圖，雖不及今日英吉利、俄羅斯之大，然其版圖之內，實包括當時所有文明諸國，而彼之人民，又能吸取文明諸國之精華，鎔化於一爐，而擴充其所謂"拉丁文明"於世界，使後世之人，蒙其利益者，實匪淺鮮！故羅馬教育之實際與其思想，實大有研究之價值，在教育史上，亦占重要之位置焉。

羅馬教育研究之價值

上古羅馬之教育

吾人欲知上古羅馬之教育，當先知羅馬之政治組織爲何如乎？試摘要而述之：

上古羅馬之政治組織及其變遷

上古羅馬之政治組織爲王政。紀元前七五三年，有羅慕路（Romulus）者爲第一代之王，創立羅馬市，國王之下，有貴族（Patres "fathers", or Patricians）、平民（Plebs "People" or Plebeians）兩級；貴族卽爲征服者，自羅馬市創立而後，世居其地，而成世家閥閱者，有自由權，兼有參政權，且占有精神上、物質上之一切財產，位於上級，而所謂“人民”（Populus）之意義，唯彼等獨當之。反之，平民一級，乃新自近鄰諸國而來，即被征服者，既無參政權，又無自由權，位於下級，而受貴人之指揮。其後兩階級因權利之不平均，軋轢日激，屢生政治上之變動，即羅馬之滅亡，亦基於此。

羅慕路者，長於創業之才，富國强兵，盛極一時。紀元前七一六年，羅慕路崩後，努馬・本比流（Numa Pompilius 被選爲第二代王，乃倡宗教之制度，以宗教之神聖的主義，而結合當時所有之三萬貴族，謂神有無上之權力，能保護萬物，支配人民，凡人皆不可不畏敬之，於是制定種種祭禮及其儀式，使全國之人共遵守之，遂致家若寺院，而家長若僧侶，互相畏敬，互相親愛，卒能易武器而爲耒耜，息戰爭而事耕耘，國家之秩序，賴以寧焉。

最初之王羅慕路

紀元前五七八年，其第六代王爲塞爾彪・都爾留（Servius Tullius）王，抱有奇才，施行善政，設百人會之議會，而授平民以議員之資格，俾得參與政事，以銷融其黨爭，於是羅馬之國家一變爲有共和的性質。自此以後，則政治上之權力，與社會上之名譽，非貴族所能獨占，平民亦得享有之，唯奴隸一級，依然毫無法律上之權利，一切待遇，非常酷刻，不啻視若牛馬也。

紀元前五三四年，第七代王達爾葵紐・蘇伯比爾（Tarquinius Superbus）即位，濫用威權，施行虐政，而廢百人會之議會，於是人民大憤，放逐王於

最後之王達爾葵紐蘇伯比爾

國外，王於紀元前四九五年而殂，由是羅馬之王政遂絕其跡矣。

第二節　上古羅馬之教育（二）

王政時代之家庭狀況

羅馬王政時代之家庭制度，取一夫一婦主義，夫爲家長，妻爲家屬，妻有絕對服從其夫之義務，妻有過失，夫輒罰之；親權亦甚强大，子女唯父之命是從，父得束縛其子之自由；在訓育上，甚至有生殺子女之權，若有不具之子，動輒棄之於野。當時一般之生活，甚爲單純，其教化之事業，猶未脫幼稚之域；所授之學科，唯簡易的學術：如卜占、測量術、詩歌、舞蹈及其他初步美術等而已。

王政時代之教育

王政時代之教育，專在家庭上行之，其目的在於養成謙遜、廉恥、忍耐、威嚴諸德，以冀能勝於將來市民與家長之任務也。兒童稍長，則使之隨父操作，或在畎畝事耕耨，或在宴會習禮儀，若是者至十五歲而止。自十六歲起，始從事於公共生活；至六十歲以後，則免除其一切國事上、軍事上之服務，而使安享幸福以終其天年焉。

王政時代之女子教育

女子教育，亦在家庭上教以溫順、親切諸德，其目的在於養成其思慮周密，性情溫和，志操高尚，以冀能勝於良妻賢母之任務也。

王政時代教育之概況，已如上述。然則共和政時代之教育爲何如乎？欲知其詳，當先知共和政時代社會之狀況，爰敍述之如下：

初期之共和政時代

羅馬之共和政時代，貴族一階級依然存在，霸持財產，掌握政權；至於平民一階級，唯有義務而無權利，一朝債務逋負，輒收爲奴隸，以供貴族之使役，兩階級間之權利義務，愈趨愈不平均，平民由是怨聲載道。未幾，遂相率宣誓獨立，謀建設新政府，以與貴族抗，貴族乃大驚，願與平民協議，舍逋負，放奴隸，一切權利義務，均歸平等，撤階級之藩籬，而互相通婚，互相交際，其對於國事，則同心協力，共濟時艱，遂能團結羅馬市民爲一體，以修治內政，而一致對外，駸駸乎有征服四方，雄霸世界之勢。

共和政時代之教育

共和政時代之教育，與王政時代無甚差異，所異者，唯此時代之教育，殊注意培養敬神、武勇、廉恥、攝生、質樸、剛毅、忍耐諸德。其教育之方法，不僅以言語講解而已；且常示以適宜之實例與模範，以陶冶兒童之德性。其在家庭聚談時，父母則講述歷代偉人之事蹟，隱以鼓舞其子女之名譽心，或述其祖先戰時如何勇敢，及其平生所好之事，隱以培養其子女之愛國心；即在宴會時，其先達長者，亦皆演說其祖先之豐功偉業，或合奏以音樂，或詠之於詩章，以感奮少年繩其祖武之思想；散會後，年少者例須扶長者以歸；平居無論何事，皆必循守尊卑之秩序；平時，其爲父者，猶必攜其子至議院，使見習國務上應爲之事，或攜至兵營，使觀察軍隊之實際練習；以上所舉各端皆有功於陶冶精神之訓育也。又於訓育之外，兼授讀書、習字、體操諸科，藉以造成日常生活所必需之智識、技能，並强壯其身體。

學校之起源

初所謂教育者，專在家庭上行之；至紀元前四五〇年，始有學校之設立，教師曰“利德拉托”（Literator “Teacher of Letters”），集合多數兒童於一堂，施以相當之教育。但此種學校，純係私人所創立，政府取放任主義，對於兒童之學齡、一校收容學生之人數及其他種種教育上之問題，皆無法律規定；又教師與學校之選擇及其教育方法如何，一任其父兄之意，政府毫不預聞也。然此種學校，既係私立，則教師不得不徵收學費，爲維持設備之用，故此時代之教師，在社會上之位置甚低；且教師之人數甚多，其招收學生，不得不出於競爭，而學生則往往有利用此機會以抗繳學費者，於是教師提起公訴請求追繳之事，屢見不一見矣。

學校之狀況

此等學校之教科，不過《十二銅標》（*Twelve Tables*）之法律及唱歌而已。其目的在養成兒童以遵守法律、尊重名譽之習慣，並增長其愛國之精神與堅强之品性，以適用於政治、軍事、實際生活上之活動。蓋希臘之教育，以道德爲本；而羅馬則以法律爲本。易言之，由實際的方法，以期其實際的效果。故世稱羅馬之教育爲“實際的教育”（Practical Education）云。

實際的教育

共和政時代之女子教育

女子教育，亦甚注意；女子之中，或長於哲學，或深於數理，或參與政治，或賞玩文學，學識豐富，才能卓越，往往有凌駕男子之勢。但此時代，社會風化，甚形頹敗，一般女子之德操，遠不及昔日之高尚，除一二所謂烈婦外，求其能堪於家庭教育之任務者，實不易覯也。

第三節　羅馬教育之隆替

以上所述之羅馬教育，至紀元前第三世紀時，大起變化。蓋羅馬自紀元前第三世紀以後，國勢膨漲，大肆侵掠，而佔有希臘之大半；至紀元前一四六年，遂奄有希臘全土。當是時也，希臘之文明、學術，滔滔然輸入於羅馬，有不可遏抑之勢；而羅馬人民之思想，遂由是漸改其本來堅實之面目矣。顧昔羅馬之所以稱雄於世界者，其主要原因，實在於羅馬人之特質，能尊重質素，而富於强大的公共心也。今則不然，自希臘被滅而後，不特精神上之財產，源源而來，即物質上之財產，亦驟增而暴富，於是一般人民之主我的個人的精神，勃然而起，日事浮華，不務實際，而羅馬人固有之特質，殆蕩然無存矣。當時雖有少數熱心愛國之士，以此種現象有損於羅馬之國粹，致羅馬人民流於文弱爲懼，欲出而排斥輸入之潮流，發揮固有之特質，力圖放逐希臘之學者，大有“人其人，火其書，廬其居”之概；然

羅馬教育之頹敗

奢侈物品之禁止

而時勢已非，挽回莫及，縱盡其種種施救之手段，終屬無濟，當軸者覩此情形，甚爲狼狽，乃發布新法律，限制宴會，取締女子裝飾，禁止奢侈物品，然已無救矣，自是家庭舊風，日益淪喪，其昔日父母躬親教育之習慣，一變而爲委托其子女於奴隸之手，教育概由奴隸出，而所謂家庭督率之道，遂無復有聞者矣。

窩克大烏斯

共和政時代之後半期，羅馬統一事業，略已就緒。紀元前二七年，共和政府之議長窩克大烏斯（Octavianus）承伯父凱撒（Caesar）之後，被推舉爲皇帝，而受“窩哥斯塔斯”（Augustus）之尊號。帝乃統一全國，總攬政權，共和政時代之諸官職，名雖存在，而其實一切重要政務，已悉歸於帝之掌握中。帝又組織近衛兵以固其權力，至此時代，羅馬共和國，復一變而爲大帝國矣。雖然，帝實能內修政治，改善風俗，振興水利，獎勵學術，教育事業爲之一振，由是國力充實，威名外震，世人對於雅典之“黃金時代”，而稱之爲羅馬之“銀時代”。後所謂“羅馬之滅亡，卽世界之終局”者，蓋指此時代而言也。帝既歿，斐斯巴斯（Vespasianus）、大喇壞（Trajanus）、馬古·奧勒流（Marcus Aurelius）等相繼治世，皆盡力以謀教化事業之發達，圖學校之普及，頒給保護金，設種種特權，以示鼓勵。

教化之振興

此帝政時代之羅馬，不僅於物質方面，能征服希臘之文明，卽精神方面，亦頗能與希臘相頡頏，極力吸取希臘文化，以與羅馬固有之特質鎔化爲一

帝政時代教育之進步

爐，遂形成今日之所謂“拉丁文明”者，其功實不可沒也。當此之時，羅馬之教育亦大改變其面目，卽從來偏重於實際的方面之敎育，今亦一變爲兼顧智識的方面，而底於兩全，不可謂無長足之進步也。

學校之狀況

此時代之學校，分爲初等、中等、高等三種。初等學校，六歲或七歲者入之，學科分讀書、習字、算術三科。讀書，則先授字母及作文，然後使讀《十二銅標》之法律及其他格言、歌文之類；習字，則與希臘同，皆以鐵筆在蠟板上書之；算術，亦爲重要之學科，初以手指習數，卽以指之特殊的運動屈折爲計數，次使用算盤，算盤多以金屬製之；此外另有一種算石，用時將算石放置於盤上，任意運動以計其數。此等學科之外，又有關於身體的教科，施行嚴格之訓練，其目的在養成順從、恭敬、清潔諸德。至十二歲，入中等學校（Grammar School）授以拉丁語及希臘語。當紀元前二四〇年以前，希臘語僅爲僧侶所學習，其目的不過藉此以知希臘祭典之儀式而已。迨紀元前二四〇年以後，一般人士，極歡迎希臘之學術，大抵以能操希臘語、讀希臘文爲榮。彼有名之修辭家庫因崎良（Quintilianus）亦曰：“語學之教授，當自希臘語始，蓋希臘語者，實爲一切羅馬學術之根源也。”此說一出，學者聞風興起，皆競習希臘語，唯恐瞠乎其後矣。此時學校內，希臘語、拉丁語之外，更以修辭學、論理學、算術、幾何學、天文學、音樂等爲普通之學科。此時之教師稱曰“利德拉達斯”（Litteratus “Literacy edu-

初等教育

中等教育

希臘語之教授

cated”）在社會上之位置稍高，亦間有爲貴族之家庭教師者。

高等教育

已至十六七歲之少年，即脫童子衣著，而服成人之服，入高等學校（Rhetorical School）受高等教育，此等高等學校，或以哲學，或以法律，或以修辭爲主要之學科。

哲學科

哲學科之學校，於哲學之外，兼授論理學、數學、物理學諸科。但當時之哲學，專蹈襲古人之哲學，毫不見有嶄新之學說，猶我國漢唐時代之專事訓詁也。然當時一般哲學者，得有力者之補助與獎勵，研究極盛。

法律科

法律科，爲羅馬人所最好者；當紀元前第三世紀之時，斯學之研究，非常發達，各地學校，凡關於法律之講演與討論，風行一時，

修辭科

因而修辭一科，亦甚爲學者所重，蓋修辭與法律有密接之關係。易言之：治法律者，不可不研究修辭學也；況羅馬人本富有法律與辯論之天才，二者之研究，自然有不可離之勢。迨希臘文明輸入以來，一般學子皆注重於希臘語之學習，於是辯論術之研究更爲進步，曰分類精細，曰證明確實，曰意匠高尚，曰思想統一，皆其研究辯論術之大理想也。此種辯論術之研究，在學界上大占其勢力，凡一切學術之研究，幾無不爲供給研究斯術之用，例如學校中之作文及研究文學、文學批評法等，皆不外乎欲造成極完全之雄辯家而已。此時之教師，稱曰“列托爾”（Rhetor）在社會上之位置甚高，大爲世人所尊敬。

社會教育

十八歲以上之男子，關於一般之教育，皆已修

完，然後離學校而入公共生活團體，再受社會教育，承父兄或保護人之指導，或往議會傍聽，或往裁判所參觀，藉謀其實際的智識之發達，以養成國家有用之人材也。

第四節 羅馬教育之學說（一）

當希臘文運隆盛之際，偉大之教育家，接踵而起，如蘇格拉底、亞里士多德、柏拉圖諸人，皆其最著名者，前章已詳言之矣。返觀羅馬，雖有奧古斯都之酷嗜學術，獎勵士子，不遺餘力，然羅馬人性質樸，重實行，而不喜空談高尚玄妙之學理，故在學理方面，求其能與希臘之教育家並駕齊驅者，曾有幾人乎？然在羅馬教育史上，聊足以爲吾人所注目者，僅得五人焉，曰錫西羅（Cicero）、華羅（Varro）、塞奈加（Seneca）、庫因崎良（Quintilianus）、布爾特奇（Peutarchos）等是也。

羅馬教育學者之缺乏

羅馬之教育學者

錫西羅（Cicero）者，紀元前一〇六年，生於貴族之家，自幼受善良之教育，博學多才，工於辯術，稱羅馬第一雄辯家。生平著述，關於政治學、修辭學、哲學等類者頗多。其最著名者爲《共和政體論》（De Repubiliea）。當時名家輩出，而以錫西羅爲最著，後世遂稱此時代爲“錫西羅時代”。錫西羅又長於法律之學，年二十六爲辯護士，從事於民事、刑事之訴

錫西羅

希臘之雄辯術移於羅馬

訟事務，聲聞漸著；而忽赴雅典，師事亞頗羅尼（Apollonius），研究辯論，造詣頗深，亞頗羅尼深佩其才，乃嘆息曰：“嗚呼！希臘之光榮的辯論術，將隨子共移於羅馬矣！”此與我國東漢馬融對門人稱鄭玄之歸，喟然嘆曰：“鄭生今去，吾道東矣！”者，頗相髣髴。後錫西羅又從當時貴族之習慣，爲完成自己之學業計，更旅行埃及及小亞細亞各地，潛心於學業之研求，然彼猶未敢自信其學業之完成也，孜孜焉終其身不離業師，鋭意從事於哲學、辯論術之研究；且每於研究學術之餘暇，兼參政務，方其爲元老院議員時，多所建白，旋爲執政官，盡瘁國事，治績尤著，國民呼之爲“國父”；然素性忠直，又耐勤勞，一言一動，皆招人忌，故政敵甚多，屢有謀害之者。遂於紀元前四三年被刺而卒。

國父

觀錫西羅一生之歷史，似未嘗躬事實際之教育，然其所著之哲學書，關於教育之理論甚多，在教育史上頗占重要之地位，特述之如下：

錫西羅之學說

錫西羅之學說，以爲人之所以爲萬物之靈者，恃有理性故也。吾人於此天稟之理性，謀其所以發達者，謂之教育。教育者，實國家强盛之基礎也，故教育兒童，不可不以圖國家之生存爲先務。又曰：“教育者，所以使兒童之道德心容易發達，而不流於罪惡之放肆，以高尚其思想也。故教育兒童，尤不可不及其幼稚期内行之，蓋幼稚之兒童，富於模倣心，且深於事物之觀察與考究，無論學業與德行，在此時期，皆得迅易發達也。”

教育之任務

幼稚之兒童，常喜與同輩競爭，或共同遊戲，又外界周圍之狀況，影響及於兒童之氣質，悉在有意無意之間，故吾人欲謀兒童諸能力之發達，不可不於此方面三致意焉。　教育與外界之狀況

宗教者，實道德之基礎也。吾人藉宗教之力，可以養成其眞實正義及共同之精神，故教育兒童，不可不使其篤信神爲能支配萬物及監視人類之是非善惡，以鞏固其道德之基礎。　宗教

教師對於學生，寬嚴須得其中；體罰者，於管理上萬不得已時始用之，尤不可乘自已忿怒之餘，濫用體罰，苟濫用之，非但失其中庸之道，且易使兒童惹起怨恨之情，大背教育之本旨，故當懲罰之前，須留置時間，以供教師與學生之省察，使學生深知懲罰之中，仍含有好意在也。要之，懲罰之爲物，務以公平誠實爲重，不能出自教育者之情感也。　訓育

華羅（Varro）者，生於紀元前一一六年，聲譽視錫西羅稍劣，然其天性極嗜教育，唱導其基於質樸的古代精神之教育學說，發刊文法、修辭、歷史、地質等書，其他關於教育之著作，亦復不尠，惜其著作多散佚，所遺者，唯殘篇斷簡而已，故其教育之意見，皆係零星斷片，不相聯絡。撮其大要，或尊唱歌，或重遊戲，或謂教授之際，務勿刺激生徒之感情，使生恐怖之念，或謂女子教育，視縫紉織物之巧拙，可判別其智愚數端而已。然考核其當時之評論，華羅之教育學說，影響及於當時教育之上者，亦匪淺鮮也。　華羅　華羅之學說

華羅之後，聲譽與錫西羅相等埒，而爲羅馬之教育家者，即塞尼加是也。

塞尼加

塞尼加（Seneca）者，紀元前三年，生於羅馬屬地西班牙之科達發（Cardava）。幼時，隨其父至羅馬求學，習數學、文法、拉丁語、希臘語諸科，大有所得。後旅行至埃及，歸而從事於法律，甚著成效；未幾，忽受意外之嫌，被逐於西治里（Sicily）島，居此島八年，專心研究哲學，深入其奧；後被釋，復歸羅馬，遂爲尼羅（Nero）帝之師，乃欲以斯托亞（Stoa）學派之哲學，矯正其帝殘忍之性，不幸遇帝之冥頑不靈，終無悔悟，卒聽宦官之讒，而處塞尼加以死刑。臨刑時，彼能體斯托亞學派之道，儼然自若，顏色不變，自斷其腕而就死，國人咸痛惜之。時紀元六五年也。

尼羅帝

塞尼加之學說

塞尼加嘗曰："神靈不遠，即在我身，神能監護吾儕，兼能注視吾儕之善惡，人苟無神，孰能作善？神者何？理性是也，人之所以爲人者，恃有此理性耳；反抗此理性者，謂之情欲，此種情欲，不可不節制之。進一步言，不可不斷絕之，然後始得其道德及眞正之幸福。"故彼之教育思想，即在發達人之理性，而强大其克己力，以抑制此惡劣情欲，使營其道德的生活也。

塞尼加之教育理想

形式主義之教育

彼之教育思想，偏重於形式的方面，而實質的方面，不甚注意，故彼對於教育家之人格，表示其意見，曰："教育家與政治家，同爲國家前途謀進步、圖利益，其任務極爲重大，故吾人不可不於教師之選擇三致意也。凡爲教師者，須有中庸之德，言語動作，寬嚴必得其宜；且教師須各觀察兒童之個性，而致力於矯正兒童之缺點。”

形式主義之教授

彼之形式主張，於教授問題上尤多所發揮，以爲教授之目的，在使人成爲道德的人也，故所授之材料，不可過多，否則，必流於淺薄，徒使精神散亂，不能精到。欲免此弊，須就其所學之範圍內，使求其明確之理想，以養成探賾索隱、鈎深致遠之良習慣。

彼又於教授上，主張先實際而後理論，曰：“使兒童迅速理解其意義，必先事實而後說明，愼毋忘吾人之一切學問，非爲學問而學，乃爲生計而學也。且欲教人必先確實自己之思想，蓋教爲學之半也。”

對於懲罰之意見

塞尼加對於懲罰之意見，略與錫西羅相同，嘗曰：“教育兒童，總以勿用懲罰而防遏其兒童之惡性爲本則，倘遇不得已時，亦不可乘怒用罰，否則，必無效力，且用罰不可過多，多罰亦損其效力，務以示例訓練其德行，不可但有講說，蓋示例之達於教育目的者，較諸講說爲更速也。”

第五節　羅馬教育之學說（二）

羅馬帝政時代之教育學說，雖有上舉之錫西羅、華羅、塞尼加諸人出而唱導，然其內容，甚屬簡單，不足以引起當時教育界之注意，獨庫因崎良所發揮之教育學說，較爲詳細，聊足以破從來教育界之寂寞，實開羅馬教育之新時期也。

庫因崎良

庫因崎良（Quintilianus）者，紀元三五年生於羅馬屬地西班牙之加拉俄羅利斯（Calagurris）。幼時，隨其父至羅馬求學，攻究辯論之術；業既成，歸國而從事於教育之事業；後再渡羅馬，設帳教授子弟，以彼之博學宏才，令聞遍天下，四方負笈來遊者甚衆，於是設立一大學，曰：羅馬雄辯學校，一時名門子弟接踵而至。脫米山（Domitianus）帝，對彼亦頗置信用，派遣皇族入其學校；斐斯巴先（Vespsianus）帝，亦尊重其學問，由國庫中授以一定之俸給，賜以"辯論術教授"之稱號，於是彼之名聲，日益顯著，從來在羅馬教育界獨步無偶之希臘教育家，自此不能獨恣其勢力矣。彼在羅馬從事教育，約有二十餘年之久，後因妻女及二子俱亡，輒生厭世之念；年五十三時，退職學校，而專事著述，著有《辯論術原論》（*Institutio Oratoria*）一書，說明辯論之術及其修養之方法，洵古代之最善良教育書也。至紀元九五年（一說一一八年）而歿。

辯論術教授

庫因崎良之學說

庫因崎良嘗曰："人之資質與能力，與生俱來，故教育者，不可不於兒童極幼稚之時，熟察其個性，授以適當之智識，使十分發達其性能也。"彼之教育目的在雄辯，然以爲雄辯之基礎，在乎道德，即雄辯家所應具之資格。宜以有高尚之道德品性爲第一要

教育之目的

義，不可徒以掉三寸舌爲能事耳。易言之：教育之目的，在養成德性完全之雄辯家也。

教授法

彼之教育目的，既在雄辯，故頗注重於希臘語之教授。其關於言語教授之意見，嘗曰：“兒童未習文字以前，輒授以文字之名稱及其綴法，實爲不當，宜先用一種象牙製成之文字，使玩弄而注視之，藉知其文字之用法；讀書之教授，不可期於急速；習字，使複習已書之文字，以練其手力，所用之臨本，宜聯成文句，其內容以含有道德的訓誡爲主；言語之教授，以文法爲最重要，故文法之教師，最初不可不愼其選擇，否則，因惡劣教師教授之無方，養成其種種缺點，至日後莫可矯正，其爲害豈可勝言哉？”

普通教育

言語教授之外，兼授以普通教育，其學科，則爲哲學、幾何學、詩歌、音樂等是也。哲學，含論理學、自然科學、道德學三科，所以使雄辯家養成理解力，正其議論之秩序，整頓思想之法術者也。幾何學，所以練心力，能區別其眞僞，以簡短明確的方法推其事物者也。詩歌、音樂，爲雄辯家所必修之預備學科，所以練習言語，調節舉動，以養成其審美之情操者也。

彼於管理上，則主張不可使兒童畏懼，曰：“教師乃生產精神者，欲學之有成，不可不敬愛教師。”其排斥體罰之理由，約有三端：

體罰之排斥

一，體罰不過施於奴隸，若施於將來可爲市民之兒童，實爲不當。

二，兒童既不用訓誡譴責以矯正之，而驟加以體罰，適足以起其反動，而益陷於惡。

三，教師能得教育之道，即無施體罰之必要。

家庭教育與學校教育之利害

彼又論家庭教育與學校教育之利害；並力說學校教育之利益。顧當時羅馬之人，反對公共學校之論據，約有二種：一則以爲公共學校有害於兒童之道德的生活，一則以爲一教師擔任多數學生之教育，則教育對於各個之兒童，必不能有十分之注意。彼乃辯護之，曰："學校有害於兒童之道德的生活，固也。雖然，豈特學校？即家庭何獨不然？蓋在家庭中，兒童教育，爲家庭教師或奴隸所誤之處，亦復不尠。欲論教師對於各兒童能否有十分之注意，固不在於教師與學生之間能否終日共同其起居，而在於能否得善良之教師也。然善良之教師，唯學校所能聘，決不能望各家庭中盡得有善良教師也。不寧惟是，抑學校教育，能獎勵其道德根本之名譽心，且能使習得社交、友愛等高尚的生活之實例，非若家庭教育，僅私其父母、兄弟等之所親，而有一種褊狹主義在也。"觀其所言：可謂能發揮學校教育之價值矣。

庫因崎良之外，尚有一人，足稱爲羅馬教育家之殿將者，即布爾特奇是也。

布爾特奇

布爾特奇（Plutarchos）者，希臘人，生於紀元五〇年，其著作皆用希臘語，後因久居羅馬，故世人目之爲羅馬人。當脫米山帝時，彼設立一學校，教授哲學、文學及歷史；著有《希臘羅馬四十六名人之傳說》及《倫理學》等書，至紀元一二五年而歿。

布爾特奇之學說，以爲教育之目的，在養成完全之人格，欲達此目的者，須先培養兒童之天性，次由教授而啟發其智能，最後乃使應用其善良之習慣，所謂天性、教授、習慣三者，皆爲教育上之要件也。彼乃反對庫因崎良注重學校教育之意見，而力說家庭教育之重要，乃曰："羅馬之共和政治已亡，今入於帝政時代矣。當此帝政時代，國家不能有無限之主權，而欲望其能整頓學校教育，烏可得哉？故吾人不得不廢學校教育，而專在家庭上施行教育也。夫兒童在兩親監督之下，已經家庭教育之注意，則其出外也，使在社會上，聽哲學者、道德家等之演說；或使之自誦其詩歌，以圖其自己之進步發達可也。"

布爾特奇之學說

完全人格之養成

家庭教育之主張

彼既注重於家庭教育，故女子之教育，亦爲其所特別注意。彼以爲女子既在家庭中整理家事，與教育兒童，論其地位，與男子無甚差別，然女子既有教育兒童之責任，則女子自身不可不先受有完全之教育，其所應學之學科，則數學、哲學等是也。

女子教育說

布爾特奇之學說中，於教育上最有關係者，道德說也。彼之道德說，由希臘之學者傳襲而來，雖非獨創嶄新之學說，然彼頗深研究夫高尚的倫理學說如何可以施於實際之教育也。嘗謂離於實際之思想，毫無裨益；又謂倫理學說之躬行實踐，可以感化其兒童。觀此二說，則布爾特奇者，實爲羅馬實際的教育學說之代表者也。

第四章　宗教的教育（一）

第一節　基督與基督教教育之起源（一）

基督教

基督教者，羅馬帝馬古・奧勒流（Marcus Aurelius）時代，起於其屬國猶太之宗教也。此教傳於各方，遂入羅馬軍士坦丁（Constantinus）大帝時，定爲羅馬國教。迨羅馬滅亡，傳入今之歐洲中部。中世紀之教育，殆爲此宗教所支配，延至今日，此教義之力，淪浹於歐人之心髓甚深，致使歐洲之道德及教育，離此教義，幾有不能解釋者。譬之我國，自先秦以降之教育之不能離孔子及其學派之學說也。故吾人欲十分理解西洋之教育，則不可不先敍述基督與基督教教育之起源。

基督及基督教教育研究之必要

基督教之起源

基督教者，乃由希伯來（Hebrew）一神教漸次所進化之宗教，始於耶穌基督（Jesus Christ）而成於其高弟（Apostles）之布教。初猶太人有豫言，曰："天神（Jehovah）不遠，派遣天使（Messiah），下降人間，天使英爽豪邁，威勢赫赫，將率猶太人征服世界萬國，統合寰宇，以眞教感化萬民，無論勢力極大之帝王，對此天使，不能反抗，唯有屈服奉命而已。”此豫言，卽爲基督教發生之起因也。

基督

耶穌基督者，乃希伯來木工之子。紀元前四年生於猶太國耶路撒冷（Jerusalem）郊外拜德力罕（Bethlehem）地方。父曰約瑟（Joseph），母曰處女馬利亞（Maria）。傳說：馬利亞未嫁之前，感神靈而孕，約瑟初欲與之離婚，後夢受天使之默示，曰：“約瑟乎？汝速娶馬利亞，萬勿躊躇！其所孕之子，實由於聖神也。生後，可名曰耶穌（Jesus），彼將救民於水火之中也。”約瑟覺而悔悟，卽納馬利亞，而生耶穌。耶穌自幼聰明穎悟，迥異常人，屢隨其父遊於寺院，受種種之教育；且每年再三旅行於耶路撒冷，獲得各種之智識；及長，自稱爲“神之子”，應猶太人之豫言而生，出爲救世之主者。攻擊猶太固有之教，而創一神教，卽一變從來猶太教之國家主義而爲世界主義也。謂大神不僅愛猶太人，無論何國國民，苟能信仰之，均錫以福祉；以博愛爲宗旨，遊說四方，從事布教，其意蓋深慨乎風俗衰頽，民生困苦，欲教化萬民，普濟衆生，特假神力，使之安心立命，雖遇庸夫愚婦，亦必謙遜誠樸。諄諄訓誨，惟恐其有不及也。乃猶太人以爲若應豫言而降生之天使，必英爽豪邁，巍然獨尊，有與人殊異之點；今見耶穌之和靄可親，毫無赫赫威勢，遂疑其爲僞天使，而蠱惑愚民者，以爲大有背於國教，卽訴之於羅馬官吏彼拉多（Pilato），卒處以十字架之磔刑而

耶穌之名

基督之死

死。時紀元三二年也。

基督之批評

要之：基督以至短之生涯，其影響直接間接及於吾人人類社會者甚大。基督者，非一出身微賤、目不識字之漁夫乎？彼僅受二三年之教育，逐能成爲偉大之雄辯家，爲深遠之思想家，爲高崇之宗教家，爲卓絕之教育家，使後世之人，安得不心焉傾伏而崇拜之耶！

第二節　基督與基督教
教育之起源（二）

教育家的基督之研究

如上所述，基督爲偉大之宗教家，兼爲卓絕之教家育，已知其梗概矣。斯密的曰："基督者，由其教義及其一生之行爲觀之，實人道之宗教兼教育家也。"然欲研究教育史者，不可不就教育家之基督，更詳其說也。斯利（Seeley）曰："基督教育之對象，即所謂被教育者，與今日吾人之所謂被教育者，大異其趣，基督之所謂被教育者，爲已成年之人，非兒童也。其教育之原理，自有一貫之道。論其教材之選擇，則多取能使教徒易於理解，而最切於日用者；而其程度，則因教徒之心力以爲措施；聰明者，即授以深遠廣大之教義；愚魯者，則先授以單純平易之訓話，漸及於複雜精奥之教材；論其教材之處分，則凡教授上所用言語及所示態度，一以簡易明

教材之選擇

教材之處分

瞭爲主，雖婦人孺子，莫不領悟其意，而毫無疑義；論其教授之方法，則爲論理的，而非斷片的；爲統一的，而非偶然的，不獨能使當時教徒易於融會貫通，並足以供後世學者研究學術之參考也。　教授之方法

基督極愛自然，且喜教授教徒以關於自然之智識，其嘉言懿行，足爲吾人所注意之點，實屬不少。就中最可欽佩者，卽基督之熱誠也。彼常爲眞理而犧牲，苟遇有害於眞理之事，必出而排除之，一身之安全，一己之名譽，皆所不計也，彼之一言一行，無不以眞理爲皈依，言而可爲天下法，行而可爲天下則，一生兢兢業業，未嘗忘眞理，卒能在教育界上作開物成務之先驅，而垂示後世教育家以偉大之模範，懿歟美哉！誠千古不朽之實例也。”斯密的又曰：“爲完全教育家之基督，實能以其一生之實例與教訓，而爲吾人今日教育學上之永遠的原理矣。”斯氏此言，非過論也。今吾當轉而述基督教之傳播：　基督之熱誠　基督可爲教育家之模範

基督死後，基督教之傳播，全恃其十二高弟（Twelve Apostles），彼等皆能殫精竭力，以敷教四方；而其最著名者，實爲約翰（John）、彼得（Peter）、保羅（一名掃羅）（Paul，or Saul）三人而已。約翰一生多傳教於小亞細亞及敍里亞諸地方，在諸高弟中最得基督教之精神，年九十四歲時，死於伊匪蘇（Ephesos）。彼得最受基督教徒之信任，在諸弟中頗占勢力，傳教於小亞細亞各地，後被捕送羅馬，紀元六七年頃，以尼羅帝之命，處死刑。保羅初奉猶太教，後改爲基督教信徒，傳教於馬基頓、希臘諸　基督教之傳播　基督教徒被迫害　基督教之世界的傳道

地方，因其在各地設立教會，亦被捕送羅馬，不詳所終，相傳：紀元六六年頃，亦爲尼羅帝處以死刑云。總之：基督教自保羅諸人作世界的傳道以後，繼起者遂著著進行其世界的傳道，時紀元四〇年左右也。

基督教教育之興起

夫從來限於猶太種族內之基督教，既擴充於世界各方面，則基督教之教育，亦漸推行於歐洲各國矣。茲以下，當述基督教之教育。

第三節　保羅與基督教教育

基督教之著手於世界的傳道，既如上所言，然則基督教之教義果何如耶？曰：其教義極爲單純，蓋基督當時以排斥猶太祭司及學者之墨守儀式與傳說，而流於拘泥形式之弊爲已任，故其所倡教義，甚屬單純，舉其大綱，可分爲四：一曰信仰一神，呼其神曰耶和華（Jehovah），以作一切人類之父；二曰親愛同胞，即凡人類皆當互相親愛，以同胞之誼結合之；三曰尊重自由，即個人宜各尊重其自己之自由，保持家庭之純潔；四曰懺悔罪惡，即人之身體雖死，而精神不滅，死後，必至神前受神之審判，故生平必須修養其德性。之四者，即基督教之中心思想也。質言之：基督教之教義，不外乎愛，而求其救濟方法於信仰是已。唯以時勢之要求與基督之人

基督之教義

物，遂能產出多數之熱心教徒，而成一偉大勢力焉。

基督教既欲實行其世界的傳道，則必以使各種異教教徒咸中心悅服而來，信仰其宗教爲第一要義，故不可不創立一種組織的教義；是時傑出之使徒起而組織之，以圖基督教之發達者，實不乏人，就中以保羅爲最著。吾人欲曉然於基督教之教育，不可不先研究保羅之歷史。

保羅

保羅（Paul）者，生於紀元一〇年，自幼篤信猶太教，在耶路撒冷熱心研究猶太教之教義。當時彼雖慊然有不滿意於猶太教之教義，然猶以基督教爲邪說，極力觝排，屢試撲滅其教會。一日，偶於大馬士革（Damascus）途中，突然受天之默示，覺悟基督爲眞正之天使，乃翻然改變其信仰，而成一熱心基督教之徒，於是遂欲推廣其猶太一種族內之基督教，而圖大發展其主義，曰："不問其爲猶太人與希臘人，唯有一主耳。凡信奉之者，無不蒙其救濟。"彼竟不顧他使徒之躊躇，毅然獨任，而挈其二十年來蟄伏於亞細亞之基督教，以渡於馬基頓，廣爲設立教會，而盛傳其基督教之福音焉。

保羅之改宗

保羅之布教

當時一般之猶太人，雖不信奉基督教，然對於遵守猶太教教律之基督教徒，毫不加以迫害。保羅既爲異國之國民，又不守猶太教之教律，而傳其一神之教，宜其爲猶太人所憎惡矣。一日，彼方送外國教會寄附金於耶路撒冷，途中被猶太人所執，將殺害之，幸遇羅馬官吏之保護，得免於死。猶太人乃數保羅之罪，以訴於官史，曰："擾亂猶太人，其

保羅被迫害

罪一也；爲奈薩利（Nazarite）異端派之首領，其罪二也；污瀆神殿，其罪三也。”保羅雖與之再三抗辯，終屬無效，遂被判爲罪犯，解送羅馬監禁。幸至羅馬時，蒙羅馬官吏之優待，不使之入囹圄，而獨居以一室，在守兵監視之下，行動得以自由。《使徒行傳》云：“保羅居於一室，三年有奇，接待四方來者，講述神國以及耶穌基督教主之事蹟，概不禁止。”至於彼之所終，不一其說：或謂紀元六六年（一說六五年），尼羅帝處以死刑云；或徵諸《使徒行傳》所載“保羅曰：‘猶太人鞫訊我之罪狀，以我可告無罪，欲行釋放。”等語，謂保羅於被釋放後，尚多年從事於傳道云。二說孰是？因無史傳之可考，無由確斷。要之：保羅者，初期基督教之一重要傳道師也。拉爾尼特（Learned）曰：“假使天不生保羅，則基督教不過爲猶太教之一宗派，而僅限於當時少數猶太人所信仰，吾恐早已消滅於第一世紀矣。”斯言誠然！

保羅之最後

保羅之神學

保羅所宣傳之神學，曰：“人類之始祖亞當（Adam）首犯罪惡，故一切人類皆有罪惡，欲救濟其罪惡，莫若信奉基督之教。蓋基督教之根柢在於愛，而求其救濟之方法於信仰；神深憐憫人類，故使其子基督親嘗十字架之苦，以贖人類之罪惡，人類苟欲以基督之血，赦免自己之罪惡者，不可不以十分堅定之信仰，信奉基督教，賴基督之恩惠，交通神明，以救濟罪惡，則死後，庶能脫離其無用之軀殼，而保全其神所賜之不朽靈魂，以登天國，而享受完全眞正之生活焉。”

以上所述：不過保羅所說之組織的教義耳。彼尚有關於兒童教育之意見，其對於人之父，則曰：“爲父者，不可向子發怒，而以基督之警戒與教訓養育之可也。”又曰：“爲父者，不可向子發怒，否則，其子氣必餒。”其對於人之子，則曰：“爲子者，須順從父母，此即基督之所喜悅也。”其他關於種種綱紀彝倫之說甚多，不遑枚舉。

保羅對於兒童教育之意見

雖然，當時之基督教徒，多從事於傳播宗教，且屢與其敵人之迫害相抗衡，故不能直接從事於兒童教育，且其教徒又與異教徒不相融洽，致自甘退隱，而獨善其身者甚多。基督教教育之所以不能普及者，勢所當然也。但彼等所宣傳之教義，及其所實踐者，實爲後世教育之基礎；而其所設之教會，即爲學校之權輿，歐洲教育，至今猶其支配之影響，厥功偉矣！

當時基督教教育之狀況

第四節　基督教教育之發達（一）

基督教之初期，基督教徒，蒙種種之迫害，既如前述矣。其迫害亙久不已，至戴克里先（Diokletianus）帝及駕勒流（Galerius）帝之時，殆達於極點，即以當時之諺所謂“爲教斃命者，其血化爲弘法之種子”。一語證之，其迫害之殘酷，可想而知

戴克里先帝及駕勒流帝之迫害

矣。然其後駕勒流帝爲强烈之病魔所侵犯，日久沈疴於病牀，忽然自悟其迫害基督教之無道，遂下詔止迫害，認許基督教徒之集會，至此基督教徒漸得信教之自由矣。一入君士坦丁（Constantinus）大帝之時，基督教大爲帝所採用，當時羅馬稱帝號者五人，互相競爭；大帝以基督教可以統一人類之精神而利用之，於紀元三一二年，製十字軍旗（Labarum）宣言於米蘭（Milan）曰："吾苟得天下，當以基督教爲國教。"自是十字軍旗所向風靡。三二四年，遂大定天下，如約定基督教爲國教。然其時高僧之間，異說紛起，尚有亞利約（Arius）者，非議"基督卽神"之說。至紀元三二五年，大帝開宗教大會於小亞細亞尼愷亞（Nicaea）採用"基督卽神"之說，而以亞達拿修（Athanasius）派爲宗門正義，卽"三位一體論"（Trinity，基督、神及神之精靈三者同一之說）是也。由是基督教之傳播，駸駸乎如旭日之東升矣。

駕勒流帝下詔廢止迫害

君士坦丁大帝採用基督教

君士坦丁大帝定基督教爲國教

當夫基督教受種種迫害之際，基督教教育發達之狀況爲何如乎？吾當次第敍述之：

基督教自保羅及其他使徒宣傳以來，信奉者日衆，但此等信奉之人，皆爲異教徒，對於教會之儀式，及基督教之教義，不甚了解，欲使了解，非施以種種之教育不爲功。夫所謂新改宗者之學校，於是乎起矣。此學校，初將新改宗者分爲二組，後改爲四組，授以種種初步的基督教之事項。其學生最初以成年者爲限，及後，兼收少年，授以讀書、習字諸科。此卽教會學校之濫觴也。

基督教傳道之初期，卽基督教最危急之時期也。當此危急存亡之秋，彼等教徒，能以努力奮鬭，百折不回之氣概，謀基督教之發展，其影響及於人類教化之上者，豈淺鮮哉？吾當就當時一流之基督教徒敍述之： 教會學校之濫觴

克里門（Clement）者，生於紀元一五〇年，爲基督教徒之一人，以亞歷山大僧正（Clement of Alexandria）之名見知於世。亞歷山大者，初爲亞歷山大大王所建設，商業緊盛，爲埃及之要港，兼有著名之圖書館及大學，而尤爲學術之淵藪也。故基督教最早傳入，新改宗者之學校，卽所謂問答學校（Catechism）者，亦已設立。教授當時之神學，教徒甚衆。就中以賓丁奈斯（Pantaenus）爲最熱心之傳道者。於紀元一八一年，設立問答學校，盛行傳道。 克里門 亞歷山大之盛 賓丁奈斯

克里門者，實此賓丁奈斯之門人也。彼本係雅典人，後周遊四方，探求眞理，遂赴亞歷山大，入賓丁奈斯之門，自是爲熱心之教徒，未幾，承賓丁奈斯之後，任亞歷山大教會之監督。至紀元二二〇年而歿。

克里門之學說，頗爲廣汛[1]，嘗謂猶太教之教律與希臘之哲學，同爲世界進步之一階梯，決非互相矛盾，實皆爲基督教之基礎也。又謂人類者，神之肖像也，故人類雖陷如何之罪惡，然一受神所施的 克里門之學說

❶ “汛”，當爲“泛”。——編者註

正義與愛之教育，無不救濟之矣。蓋彼之說，不外乎以使人體認神之正義與愛爲教化之理想也。

克里門歿後，繼爲亞歷山大教會之監督，又執問答學校之教鞭，而盡力於教育界者，卽痾黎革尼斯是也。

痾黎革尼斯

痾黎革尼斯（Origenes）者，在紀元一八六年，生於亞歷山大，彼不獨得力於學術最盛之鄉里所養育，有以大促其智識之發達，抑且得有其傑出學者之父，自幼卽隨其父，修希臘語、數學、文法、修辭、論理、神學諸科。迨稍長，入問答學校，以克里門爲師，更事深造。

紀元二〇二年，基督教迫害之舉大起，痾黎革尼斯之父，因之被執，處以死刑；彼聞耗之下，痛不欲生，然爲其母所阻而止。是時克里門已被迫害而逃去，於是亞歷山大之教徒，推痾黎革尼斯爲教會之監督，兼任教師，時氏年方十有七，其才學足以服人如此。然彼性謙遜，自信知德之不完全，復加潛心修養，壹意研求，四方之士，慕其學風與人格，一時負笈而來受其親炙者甚衆。彼又甘於清貧，不取子弟束修，而循循善誘，誨人不倦，由是聲譽大著。詎知道高而毀來，後竟爲同門所嫉妬，遂由亞歷山大教會宣告以破宗（Excommunication）之罪。

彼自被破宗之後，並復熱心佈教，不避艱苦，至特西約（Decius）帝之時，羅馬帝國對於基督教之大迫害又起，彼復受非常之苦痛，遂以身殉道，時紀元二五三年也。

痾黎革尼斯之學說，雖止於敷衍基督教之教義，然每遇教義中有未甚確定之處，彼必加以自由討究，而索探其眞理。彼又倡靈魂之說，論者或以爲與佛家所主張業因、業海、業報諸說，同出一轍云。　痾黎革尼斯之學說

彼之教育說，撮其要點，約有四端：　痾黎革尼斯教育說之要點

一，教師自身不能實行者，不可教學生。

二，教育之目的，在使人爲神的人。

三，教師不可不使學生自行觀察研究。

四，教師教授學生之智識，同時不可不矯正其缺點。

彼本此思想，以至誠之心教育後進，陶鑄少年。學生之中，受其教化而成大器者，頗不乏人。故當彼執亞歷山大學校教鞭之時，其學校之狀況，盛大無比。至彼退職而後，學校卽日陷於衰微之境，幾不可收拾。然則彼之教育的手腕，可謂大矣。　亞歷山大學校之盛衰

巴西流（Basilius）者，亦係當時著名之宗教家，兼教育家也。紀元三二九年生於凱撒利（Caesarea），其父亦爲有名之修辭學教師。彼嘗遊學於君士坦丁堡（Constantinople）及雅典，學成歸國，設帳教授修辭學；然彼信奉基督教甚篤，心地坦白，志氣高尚，不屑與世俗爲伍，自甘銷聲匿跡，旣而退隱山林。至紀元三七〇年，被選爲凱撒利教會之監督，彼以義不容辯，乃出山就職。在職九年，熱心治事，成績卓著。至紀元三七九年而歿。　巴西流　巴西流之隱遁

巴西流之教育法，不外乎以《聖書》爲中心，欲　巴西流之教育法

使兒童養成善良之習慣，施以種種之訓誡，兒童若有不正行爲，則加以相當之懲罰。其懲罰方法，例如抗辯詭言者，則以罰獨居；貪食無厭，或暴殄食物者，則罰以絕食之類。

基利蘇斯多姆

基利蘇斯多姆（Chrysostom）者，亦係當時著名教育家中之一人也。紀元三四七年生於敍里亞（Syria）之安都（Antiochia），自幼失怙，時母安蘇撒（Anthusa）年猶未滿二十，矢志自守，終身不再醮，專以教子爲務。基利蘇斯多姆稍長，卽蓄有入山修道之志，然其母阻之，乃在母膝下，研究《聖書》，大有所得。母歿後，始入山。

基利蘇斯多姆之孝行

彼於紀元三八一年，出爲安都教會之執事，自是而後，多年從事於布教與教育之事業。後被選爲君士坦丁堡之大監督，貢獻於當時風教之上者甚大；但彼之天性頗嚴厲，大爲時人所不容，竟被放逐，途中患病而卒，時紀元四〇七年也。

基利蘇斯多姆之事業

基利蘇斯多姆之教育要旨，則曰："基督以神之子，爲謀人類之向上，而下降於人類之中。世之爲教師者，亦當爲謀學生之向上，不可不廁身於學生之地位，且基督對於教徒，每事不貴列舉明說，但時時暗示其眞理，使教徒自反自發而已。世之爲教師者，亦應如是，凡學生所能爲之事，教師不可代爲而盡之。"蓋彼之教旨，始終以基督爲教師之模範，而專用基督教之教育，以陶冶其兒童也。彼又有與後世裴司塔洛齊同一之主張，以母爲兒童之自然的教育家，因彼幼時與裴司塔洛齊有同一之境

基利蘇斯多姆之學說

基利蘇斯多姆與裴司塔洛齊

遇，皆爲專恃其母之教以成德者，故二氏之思想，頗相類似也。

第五節　基督教教育之發達（二）

基督教之初期，於基督教教育上最有關係之人物，即奧古士丁是也。

奧古士丁姆尼加

奧古士丁（Augustenus）者，亞非利加人，紀元三五四年十一月十三日生於加爾達額（Carthago）地方之一村落。父爲士官，母名姆尼加（Moneca）爲當世有名之賢母。當奧古士丁幼時，其母卽施以基督教的教育，然彼尚無信仰之念。稍長，就學於鄉校，當時之學校，專施注入的教育，對於頑强之兒童，常以鞭撻爲事。奧古士丁天性放縱，雖有相當之記憶力與理解力，然不願勤學，終日耽於遊戲，故屢爲教師所鞭撻。

奧古士丁之改過

後負笈遊學於加爾達額，研究修辭學，當時染受都會風習，其放縱不羈之天性，益增淫肆，遂陷於非常墮落之境。未幾，彼忽然自悟其恣於肉慾之非，而探求至眞至善之念，油然而起；乃入摩尼（Mani）教，冀得安心立命之道。其母聞之不悅，屢勸無效，信奉此教凡九年。

羅馬學生之氣質

學業既成之後，卽在加爾達額，設帳教授修辭學，因學生之無規律，頗多困難，欲棄職而赴羅馬，母阻之，又不聽，遂赴羅馬，復教授修辭學以餬口，然羅馬之學生，多不納束修者，由是彼之生活，益陷入於窘鄉矣。

新柏拉圖學派

時對於摩尼之教義，已漸失所望，知已不能由此發見其眞正安心立命之道，遂改入"新柏拉圖學派"（New-Platonismus）。

奧古士丁之改宗

後得羅馬知事之介紹，爲米蘭（Milan）官立學校修辭學之教授，時紀元三八五年，即彼三十一歲之時也。當時，其母亦來與同居，彼雖仍奉"新柏拉圖學派"之學說，然中心究未得安適。時有一貴紳，忽豁然貫通基督教之教旨，棄官而爲信徒。彼聞之，大爲感動，輒往受基督教之洗禮，自是一變而爲基督教之熱心教徒矣。母甚喜，及其易簀之日，謂其子曰："嗚呼！我子！我此生唯一之希望，在生前得見汝爲有信仰心之一基督教徒耳。我此希望，神之所賜也。我今見汝已爲神之僕，我之幸福，莫大於此矣。"

奧古士丁之事業

彼既爲熱心之基督教徒，遂辭修辭學之教師，退隱田園，實行其遁世主義。無何，歸亞非利加。當時之教徒，强推彼爲希波（Hippo）之監督，彼雖欲隱居，不願役務，然教會事義不容辭，不得已而就職。爾後在職凡三十五年，委身於教化事業，未嘗少懈。

後汪德羅（Vantalo）之土蕃，自西班牙侵入亞非利加，所至剽掠，希波亦蒙其難，奧古士丁達身歿於土蕃包圍之中，時紀元四三〇年八月二十八日也。

奥古士丁在教育學上，雖未嘗有組織的著作，然其關於教育之思想，可爲吾人所注目者，實屬不少，後世學者多有蒐集其學說而組織之以系統者。敍述如下：　奥古士丁之學說

奥古士丁之教育目的，在於使人與神結合，冀得眞正之幸福與平和也；故彼以使人體認其神明，成爲眞正之基督教徒爲教育之先務。曰："哀莫大於人而無神之人，猶無精神之死軀殼然，且無神之精神，實死的精神也。"彼之祈禱文有曰："嗚呼！我主！使吾儕依爾而求幸福，現世之金銀，及其他一切財產，皆非吾儕求幸福之所也；吾儕始終依賴於爾，苟一旦失爾，則吾儕又復墮落於孽海之中；吾儕依爾而求幸福，即以神爲主之人民，謂之有幸福。"彼教育之任務在於斯，教育之目的亦在於斯，欲遂此任務，達此目的，於是講種種之方法：謂教育者，不可不由《聖書》以發達其宗教的精神也。彼所謂《聖書》者，合舊新兩《聖書》而言也。其意見曰："眞正敬神之人，必於兩《聖書》之中，發見同一之神，合言之，即於兩《聖書》之上，感謝同一之神之恩惠，畏敬同一之神之威嚴；分言之，即在《舊約全書》上，認識基督所約束之事實；在《新約全書》上，獲受基督所表示之曉喻。"彼之宗教教授，全賴於《聖書》行之。然欲收此宗教教授之效果，又必以希臘語與希伯來語爲必修學科。曰："此二種國語之智識，無異於治病之藥劑也。凡以拉丁

教育之目的

教育之方法

宗教教授

語爲本國語者，苟欲眞正理解《聖書》，不可不通希臘語與希伯來語，蓋拉丁譯之《聖書》，頗多疑竇之處，一經考核其原文，則不難渙然冰釋矣。”

其他之教科

其次，彼又主張教授讀書、習字、算術諸科。此外如歷史、博物之教授，亦以爲於理解《聖書》上有所必要。至修辭學，素無益於彼之實施教授，且以爲此科易使生徒陷於詭辯之弊，不宜採用。哲學一科，以爲可由基督教發揮其眞正之價值，因爲必要之學科，然若與基督教有相矛盾之處，須極力排斥之。

教授上之注意

關於此等學科之教授，爲教師者，不可不常常喚起生徒之興味，使教授有活潑之生氣。

訓育

至於訓育，則以爲人本先天的有罪者也。人性本惡，故不可不由教育而改善之。其改善之方法，當於兒童極幼稚之時，注入以基督教之精神。曰：“世之爲父母者，須知自己有親愛子女之義務，無論爲基督計，或爲永久之生活計，皆不可不將基督之言行常存於腦中，以供訓育兒童之用。”

彼頗排斥名譽心之鼓勵，謂教育者，務使兒童養成謙遜、順從之德；然過於威嚇與懲罰，亦失教育之本旨，有教育之責任者，不可不注意也。

第六節　基督教教育之發達（三）

彼多數優秀之基督教徒，咸熱心致力於教化事業，以圖基督教教育之發達，其所由來久矣。然此時代猶有爲吾人所可注意者，即寺院之勃興，及其教育之隆盛是也。 寺院之勃興

基督教當外界迫害最盛之時，一般基督教徒，對此迫害之殘忍刻酷，或忍氣吞聲，或獻身殉道，精誠所結，艱苦備嘗，然至迫害告終之際，彼等教徒，內則反省內疚，外則觀察人事，則又以爲在如此墮落之社會，終不能得所期之完全的救濟；且蒙前輩有力教徒所懷抱隱遁主義之影響，至第四五世紀時，實行其慈善主義，布施資產於平民，而隱入山林，以求與神明之交通者，日益增加。彼等多數之隱遁者，初皆獨居，後漸知獨居之弊害，乃欲免此弊害，以期貫徹其隱遁主義之精神，於是設立寺院，制定嚴格之院規，以營共同生活焉。 寺院教育之隆盛

此等寺院，對於教育最有重要之關係者，謂之"庇尼忒派"（Benedictiner），是派爲聖・庇尼忒所創者也。

聖・庇尼忒（St・Benedict）者，意大利人，生於紀元四八〇年，歿於五四三年。家世貴族，年甫十五，即隱遁於山林，獨居多年。至紀元五二九年，始 庇尼忒 喀西納

在那不勒（Naples）附近之喀西納（Cassino）山中建立寺院，一時教徒聞風而至者甚衆。庇尼忒乃定以種種之制度，撮其大要，約有三端：

寺院之規約

一，凡欲爲僧侶者，入寺院最初一年間，先行試習；合格者，須對神宣誓，終身爲僧侶；不合格者，輒使之退院。

二，凡認爲僧侶者，須盡納所有財産於寺院，終身不娶妻，服從一切命令與規律。

三，凡爲僧侶者，須寄宿於寺院。

耕作與慈善事業及少年之教育

彼又力斥當時隱遁者所行之激烈的苦痛，乃制定每日禮拜與作業之條規。其作業種類，則爲耕作，慈善事業，及少年教育等是也。

寺院教育的必要之原因

蓋少年教育，爲僧徒寺院之必要的事業，已爲當時一般識者所公認。例如前章所述之基利蘇斯多姆曾有言曰："寺院中之基督教教育，與家庭中母之教育，同爲重要之事。蓋寺院中之少年，能與腐敗的社會相隔離，使之早讀《聖書》，可以漸入於基督教的本旨之生活也。夫習慣有强大之勢力，而道德有難於實行之歎，故神移希伯來人置於沙漠之地，無異於使其管寺院之生活，欲其去昔日在埃及所得之罪惡的習慣也。但神雖下如何之藥劑，終不能完全療治彼等之惡習慣，若任彼等溷居埃及市中，則猶驅之入惡魔之隊，而不施以補救之教訓，欲其不爲惡魔所誘惑，其可得乎？至於寺院之設，則有善於此矣。凡住於寺院者，無異於誕登天國之天使，人人皆有平和、靜穩、歡樂之狀態，而各遂其平等之生活；若是之所，其在教育上，有遠勝於異教之學校者，不待智者而知矣。”基氏之論，實切中時弊、對症下藥之方法也，惜當時未能見諸實行耳。今庇尼忒出，一方面以令僧侶耕種於寺院之空地，爲處亂世之重要事業；一方面以收容社會少年於寺院，而從事於精神上之感化，爲救時弊之要圖；乃毅然決計盛唱其主義，卒能漸漸實行焉。

庇尼忒派之隆盛

庇尼忒一派之主義，甚適於當時時勢之要求，故一時各教派中，嶄然露頭角，而自創立寺院者，實繁有徒。未及百年，其數竟達二百五十有餘，後遂逐漸推廣於歐洲全土矣。

庇尼忒派之學校

此等寺院，皆以其豐裕之資產，從事於教育事業，一時創辦學校之風，遂盛行於各國。就中最著名者，爲意大利之額西納（Cassino）、英吉利之根德堡（Canterbury）及牛津（Oxford）、德意志之福爾達（Fulda）及亨堡（Hamburg）、法蘭西之里昂（Lyons）及巴黎（Paris）、澳大利之撒耳斯堡（Salzburg）等是也。

基督教學校之教育狀況

試觀此等學校及其他當時一般基督教學校之教育狀況，其學生雖有貴族、僧徒、自由民子弟之別；然莫不一視同仁，教之互相親愛，視若兄弟，其教育之方法，則因兒童發達之程度而異，最初課以平易之學科，施以道德的與宗教的之教育；稍進，則施以養成將來之宗教家、政治家及學者之教育。其學科以當時一般所行之七學藝爲主。所謂七學藝者何？列表如下：

七學藝

- 七學藝
  - 一、三學藝
    - 一、文法
      - 讀書
      - 習字
    - 二、修辭法
    - 三、倫理學
  - 二、四學藝
    - 一、算術
    - 二、音樂
    - 三、幾何學
    - 四、天文學

三學藝者，係當時最普通之學科，爲一般人民所必須受者。三學藝既修之後，更進而授以四學藝。

七學藝之說明

茲將此七學藝之性質節略說明焉。

文法者，包括讀書、習字與言語之構造及其使用法而言也。

修辭法者，以庫因崎良及錫西羅之著作爲教科書；其他，則以教會上說教，供其應用之研究。

論理學者，所謂三段論法、辯論、定義等，依奥古士丁所著述而教授也。

算術者，教以手指計數之法，或用一種算盤以教授之。

音樂者，爲教師及僧侶所必需之科目；此科目之中，包含有繪畫、雕刻，及其他一般之美術。

幾何學者，授以線、角、面、立體等之形狀及其作用；同時兼授以地理學之初步。

天文學者，併授以占星之術也。

教權主義

以上諸學科之教授，全基於教權主義。教師講演之時，學生僅在旁聽受而强記之，不許辯難質問，而以其所授之事項，皆爲不可動之眞理也。

第五章　宗教的教育（二）

第一節　沙爾大帝與教育之普及

法蘭克國之建立

當西羅馬帝國滅亡之際，北方蠻人之運動，極爲熾盛。其中有一種族，曰法蘭克（Franks）人，渡來因（Rhine）河，占領加里斯亞（Gealizia），遂成今日之法蘭西（France）國。此王國世傳爲沙爾大帝所支配矣。

沙爾大帝

沙爾大帝（Carlus Magnus）者，生於紀元七六八年。父名比賓（Hippin），法蘭克國之重臣也。彼屢爲羅馬法王效力，遂以一世之雄，於紀元七五一年承法王之命，立爲國王。其子沙爾，勇敢有才，能纘父業，遂卽王位，世稱爲沙爾大帝。大帝以古代羅馬帝國之再興爲其理想，惟此理想之實現，固不可不俟武力，然大帝以保持其當時所謂歐洲各國之二大基礎，卽條頓（Teutons）民族之習慣與基督教之傳播爲最優之政策也。於是以蠻人之不肯棄其異教而改歸基督教者，決不能脫其野蠻之俗，故用兵力征服之，使其信奉基督教；而一方又悟萬事從根

沙爾大帝之理想

沙爾大帝之政策

本上破壞之之非，乃極力維持其條頓民族之習慣。

大帝征服多數民族之後，於紀元八〇〇年，基督誕生之日，與衆共列於羅馬會堂之禮拜席上，得法皇之許可，戴西羅馬皇帝之冠。當是時也，大帝所領版圖，實包括現今之法蘭西、德意志、比利時、和蘭、意大利、瑞士、澳大利，及英吉利之一部、西班牙之北部，皆爲中央歐羅巴最富饒之域也。大帝支配此大帝國之國民，每歲常派遣一普通官吏及一教會役員爲使臣，巡視民情，考覈吏法，而以公平正大爲宗旨，且力謀教育之普及。然大帝幼時礙於一般風習，僅曾受武士的教育，故即位之初，猶不識文字，每躬萬機，諸多不便，於是就干戈征伐之餘，延聘教師，躬自勤學，雖飲食之間，未嘗廢離，朝夕黽勉，樂此不疲，卒能精通拉丁，希臘諸語，即其他文法、修辭、論理、天文、博物諸科，亦無不涉獵焉。

沙爾大帝戴羅馬皇帝之冠

沙爾大帝之教化事業

沙爾大帝之自己教育

大帝所聘教師中之最有名者，即英國之亞肯弩是也。吾人欲詳知沙爾大帝之教育事業，不可不研究亞肯弩之爲人。

亞肯弩

亞肯弩（Aeciun）者，英國之高僧。紀元七三五年，生於約克（York），至八〇四年而歿。素修拉丁語、希臘語及希伯來語；尤長於神學、數學，一時名聲頗著。後承英王之命，赴羅馬，偶得沙爾大帝之知遇，遂爲大帝之侍講。

亞肯弩之學說

亞肯弩之學說，以爲教育之目的，在於求智慧。彼曰：“人若能眞求智慧，則不難解得智慧之道，否則，徒博他人之稱譽，圖一時富貴榮華之快樂，而欲得智慧，非戛戛乎其難哉？譬之醉者之迷於歧路，雖欲歸家，而不可得矣。”總之：彼之智慧爲教育之終局目的，苟無智慧，縱有富貴榮華之地位，直一無精神之身體耳。

教育之目的

彼以爲達此教育之目的，不可不循序而進，其順序不外乎以次習其七學藝而已。

教育之方法

彼之學說，並非自出心裁而獨創者，不過就前人之學說，稍加訂正而整頓之耳。然彼在沙爾大帝之下，其對於實際教育上之功，誠非淺鮮！吾人不可不特筆書之也。

亞肯弩對於實際教育上之功

當沙爾大帝在位時，一般貴族之徒，冥頑愚蠢，咸不求智識，而妄自高其位號，以臨社會。大帝嘗幸某校，見貴族之蠢然無學，且人怠惰，不勝憤怒，乃怫然作色，曰：“卿等何不一思自已之身分乎？卿等苟無優勝之教育及智識，雖誇有高貴之位，終不免有傾危之患也。”

沙爾大帝憤怒貴族之無學

於是大帝重興其衰頹之宮殿學校，而命亞肯弩爲其校長，大帝乃親率其四皇子二皇女入校聽講，並使多數朝臣貴族之子弟，皆入此校而肄業焉。

亞肯弩被任校長

亞肯弩能善體察帝意，不僅斤斤於此貴胄子弟之教育而已也，且輔弼其帝，並力以謀全國教育之發達。

沙爾大帝既得亞肯弩宏謨丕畫之協助，則其對於教育之實施狀況爲何如乎？吾當進而述大帝時代之國民教育：

沙爾大帝對於全國教育之設施狀況

沙爾大帝提倡國民教育

當時羅馬教育之思想，概爲基督教的，其目的無非在宣傳基督教，而保持其教會之利益而已。至於大帝，則翻然一變其從來之積習，而努力提倡國民的教育，由是宗教的教育，雖未全爲其所排斥，然彼力主教育爲養成國民愛國心之說矣。曩者，大帝曾以法皇之許可，加冕而即帝位，並命爲宗教之首長，固有尊重宗教，保護教會之責；今也大帝乃主張教會服從國家，無論國家與教會，皆當以大帝之意志爲其法律，大帝更命僧侶廢拉丁語，而用本國語，以行講演；苟欲從事於國民教育之寺院，輒令其停閉；又以爲凡欲爲僧侶者，於讀書、習字，及其他學科上，不可不養成可以爲完全教育家之資格。

沙爾大帝爲強迫教育之鼻祖

總上所述，大帝所施之教育，可分爲三期：第一期，爲僧侶之教育；第二期，爲貴族之教育；第三期，爲一般國民之義務的教育。其最後一期，後世稱之爲今日世界各國强迫教育之鼻祖。大帝採用亞肯弩之計畫，實施如是之教育，其教科則以讀書、習字、算術、唱歌爲主，而音樂亦爲其所注重；至於宗教之教授，大帝以爲無論如何萬不可缺之學科也。

大帝之熱心教育既如此，彼實能使久陷於無教育狀態之歐洲，在教育史上放一極大光彩矣。向使後世帝王能因其遺策而益圖發展，則所謂中世之黑暗時代，未必能發生也；不幸教育事業，尚未浸潤

沙爾大帝事業之終止

於歐洲全土，而大帝遂忽焉殂逝矣（紀元八一四年）。於是數十年慘澹經營之苦功，一旦盡歸於泡

影，而文化亦日以陵夷，竟成江河日下之勢矣。

當時僧侶之不快於大帝之寺院教育公開主義者，方大帝崩時，即全然復其舊況，一般人民子弟之教育，由是而廢弛，而教化事業，復成專有獨占之勢，所謂沙爾大帝時代之教育，至此遂告厥終焉。

第二節　德意志及英國之教育

條頓民族，雖侵入羅馬帝國而蹂躪其土地，然所恃以優勝者，不過其武力一方面耳。至於文化方面，則頗與古代羅馬之滅希臘，而反受希臘文明之影響者相似。彼條頓人因征服羅馬之功，而獲羅馬文明之酬饗，使彼等得漸導入於文明之域矣。

條頓人享受羅馬之文明

雖然，此僅就移居於南方之條頓人言之耳。至仍居住北方之條頓人（或稱爲日耳曼人種［Germani］即德意志人種），當時尚未能脱其野蠻之舊俗，故自紀元五百年迄於一千年之間，歐洲全土，因日耳曼人種移殖之結果，書籍散亡，學校頹廢，希臘、羅馬累代之文學，至此遂蕩然無存矣，故史稱此時期爲“黑暗時代”（Dark Ages）。其間所賴以守先待後而留鼎一絲者，當首推基督教僧侶。

黑暗時代

初彼等僧侶之中，對於野蠻之民族，頗盡力以注入其文明之空氣者，即薄尼哈斯是也。

薄尼哈斯（Boniface）者，英國人，生於紀元六

薄尼哈斯

八〇年。家世貴族，年甫七歲，卽入寺院，一熱心之教徒也。稍長，遂以德意志之傳道爲企圖，前後四十年間，從事傳道，教化多數蠻民，使爲基督教徒。後得法皇之許可，被推爲德意志之大監督，遂稱爲德意志之使徒。未幾，彼辭監督之職，更欲進入未開化之地，以教化其土蕃，至紀元七五五年，遂爲土蕃所殺而卒。然彼之教化事業，後爲沙爾大帝所實行，卒使大多數之德意志人，悉改爲基督教徒矣。

德意志之最初的教師

但彼德意志人雖爲基督教徒，且受沙爾大帝奬學之德澤，然其教育事業，甚屬幼稚。當是時有稱爲德意志之最初的教師，委其一身於教育事業而克奏厥功者，卽馬拉是也。

馬拉

馬拉（Maurus）者，紀元七七六年，生於綿斯（Mainz），自幼入寺院，沐宗教的教育，受業於亞肯弩之門，大爲亞肯弩所信任，後雖離亞肯弩，亦常有書信往來，以資問道。彼既歸德意志，遂被推爲福達（Fulda）寺院學校之監督，熱心任事，盡力於教育之改善，大有效果，因而學校之聲譽，日益顯著，四方負笈來遊者甚衆。紀元八四七年，被推爲綿斯之大監督，自是漸致力於一般教育之改善矣。

馬拉之學說

馬拉既爲基督教之教徒，則其教育之意見，自然以《聖書》爲主要教科，而以養成眞正之基督教徒爲教育之理想。彼雖注重《聖書》，然於《聖書》之外，又以當時一般所行之各種學藝爲理解《聖書》眞義上所必要之學科，故曰："文法者，爲七學藝之基礎。所以養成正確談話，迅速作文之術，不可不十

七學藝爲必要之學科

分用力研究也；修辭者，所以養成巧用語法之術，亦爲必要之學科也；論理者，實爲學藝之王，即所以造成吾人教人與自修的方法之術，理性之本體及活動，由此而觀：確實之智識由此而生，實重要之學科也；算術者，自根本上理解《聖書》所必要之學科也；幾何者，所以造成有關於自然現象之正確的智識之術也；音樂者，爲有益而且高尚之學術，不解音樂者，決不能盡完全之職務；天文學者，雖由此而養成卜占術上之一種迷信，然關於曆數的智識之獲得，此科亦萬不可缺也。”以上所述，即馬拉關於七學藝之意見。彼又謂凡欲爲教育家之僧侶，不可不就此七學藝有十分之考究，其他如講演之流利、定義之明晰、趣味之豐富，皆不可不先行十分考究也。否則，一至教人之時，始行考究，則已失其教師之資格也，此等惡劣教師，論其地位，極爲危險。又教師關於教育研究所應得智識以外，其他一切瑣雜之事項，不可教授於他人；教授者，須常注意被教育者之智識程度，及其能力之如何，總以使被教育者自立於活動之地位爲要務。以上所述，即馬拉關於教育上之意見也。然則當時德意志之教育，實由馬拉而始放其一段之光彩也。

教師之資格

至於英國則何如？略述之如下：

英國

英國自第五世紀之中葉，盎格魯·撒遜（Anglo Saxons）人侵入以來，遂呈羣雄割據之勢。幸當沙爾大帝之時，有義巴的（Egbert）者，出面登王位，統御宇內，建立王國，然外患頻至，國運日蹇，教育

義巴的王

上更無所振作；後有名亞弗勒者，爲義巴的之王孫，紀元八七二年，卽王位，東征北伐，威震宇內，遂將蕞爾小國之國王，改稱爲大王。顧所謂大王者，未必卽爲教育史上之重要人物也，獨亞弗勒之大王，可與沙爾大帝相提並論。吾人於教育史上，不可輕輕看過也。

亞弗勒大王

亞弗勒（Alfred the Great）者，生於紀元八四九年。自生初至十二歲，未嘗稍受教育；彼母爲獎勵其求學計，一日，特課一詩，命數子皆各暗誦，曰："苟無差誤者，當賞以一書。"大王卽以非常之努力，暗記其詩，遂得賞。自此以後，大王常有志於學，後將《聖書》之大部分，及幾多之有益著作，譯爲盎格魯·撒遜語。

亞弗勒大王獎勵上流社會之教育

大王雖非如沙爾大帝之獎勵國民教育，然對於上流社會之教育，大盡其力矣。嘗設立多數寺院，使爲學術之中心，例如今之牛津大學之基礎，實爲大王所創立者也。大王獎學之《訓令》有曰："生來而有自由之人，不可不知讀書、寫字之法。"大王至紀元九〇一年而崩。其所設施之寺院與學校，至今猶有存者。斯密的曰："爲五十六戰之勝利者，爲立法者，爲國王，爲賢人，爲基督教徒，爲男子，爲夫，爲父之亞弗勒者，眞不愧爲大王矣。"

第三節　武士的教育之隆盛

歐洲各國，方將入黑暗時代之際，幸而有沙爾大帝，有亞弗勒大王，獎勵學術，振興教育，使後世人得有復見天日之機，然而此等文明指導之主權者，既相繼逝世，則茲所謂眞正之“黑暗時代”者，於是乎出矣。顧世人往往稱中世紀全體爲“黑暗時代”，其實非也，若精密論之：茲之所謂眞正之“黑暗時代”，僅限於第十世紀而已。當第十世紀時，沙爾大帝國，自大帝崩殂以後，內則羣雄割據於各地，外則海賊跋扈於四方，加以蠻人出沒爲患，所在皆是，舉世化爲修羅之巷，頻年兵革不休，而所謂文明之天日，遂黯然無光矣。

眞正之黑暗時代

雖然，否極泰來，亂極則治，彼久陷於禍患中之人民，亦必一日振拔而出者，此當然之理也。至第十一世紀時，在學理的方面，則有所謂煩瑣哲學者，於是乎起；在實際的方面，則有所謂武士的教育者，於是乎興；然二者，皆本於基督教之教義，而以之救世道人心者也。

煩瑣哲學及武士的教育

初沙爾大帝之謀普及教育也，其主義在於欲調和條頓種族之固有性與基督教之教義，雖然，條頓種族之現世的進取的固有性，豈容易與基督教之厭世的教權的之教義相調和乎？加之第十世紀之“黑

武士的教育隆盛之原因

暗時代”，自法皇至於各地之僧侶，皆非常腐敗，每不能以昔日之教權臨其下民，於是條頓種族之現世的進取的固有性，益得其勢力，早已不滿意於基督教之隱遁的教權的教育矣。由是所謂武士的教育者，勃然而起，與封建制度之發達相媲其隆盛矣。

武士的教育之狀況

武士的教育，固亦以基督教之教義爲本，然與宗教學校之教育，大異其趣。彼宗教學校者，以教育爲寺院之事業，無論武士與一般之人民，皆由僧侶之手，授以七學藝之學科；至於武士的教育則不然，凡宗教學校之所禁止者，反爲其所注重，例如獎勵體育、練習交際、鼓舞名譽心、養成國民的感情之類是也。其學科亦分七藝：卽乘馬、游泳、射術、擊術、狩獵、將棋、作詩七種是。此等學科之教授，無特別學校之設施，卽在王侯宮庭，或有名之武士家行之。其教育之目的：第一，重名譽心，以保護寺院、婦女之弱者爲己任，其格言曰：“以我精魂獻諸上帝，生命獻諸君王，心情獻諸淑女，乃無上之名譽也。”第二，以愛爲其神髓，本基督敬愛之旨，推而及於婦女，以成一美俗。此武士的教育，約分三期如下：

三期之教育

第一期自幼生至七歲，育於母家，以養成從順、鄭重、尊敬諸德爲最要；他如宗教之陶冶，及養護身體等事，亦極注意。

第二期自七歲至十四歲，稱扈從（Page），入武士家，或諸王侯宮殿中，朝夕侍奉；並習音樂、作詩、將棋、語言、作法，以涵養武士所必需的信、義、禮、讓諸德。

第三期自十四歲至二十一歲，稱少年黨（Squire），卽至十四歲，得由父母率至於神前，並許其攜帶武器。此期之學科，爲乘馬、擊劍及其他一切戰術等事。主人若遊獵比武，則爲隨從，並得參加戰鬭。至二十一歲，則行莊重儀式，以列於武士；武士必有誓，卽守信、去邪、懲惡、扶弱、尊敬婦女、保護基督教徒等是也。

女子教育

武士的教育，亦以女子教育爲要務，女子一律在家庭上，授以家政及當時所行之禮儀、作法；時又加以讀書、習字、詩歌諸科。貴族武士之女子，入王侯宮殿，特設一種學校，施以高尚的教育。

武士的教育所行之範圍

此種武士的教育，以國界論，歐洲各國，雖皆盛行，然其最著者，如德意志、法蘭西及西班牙等國是；以年代論，全中世紀，雖皆發達，然其最著者，如第十世紀及第十二世紀是也。

第四節　煩瑣哲學與教育

自亞歷山大之克里門至於奧古士丁間之有功於基督教教理之組識者，卽所謂“教父哲學者”（Patriarchalische Philosophie），關於教育上之思想及其事蹟，前章已詳言之矣。奧古士丁以後，基督教徒中，雖有許多之教父哲學者，相繼而出，然彼等不過祖述奧古士丁諸人之教理而已。經過沙爾大帝之時代及第十世紀之黑暗時代，將入第十一世紀時，基督教徒之間，又有所謂煩瑣哲學者，勃興而來矣。

煩瑣哲學

煩瑣哲學（Scholastik，一譯博學派之哲學，或經院哲學）者，基督教徒欲謀希臘哲學（即亞里士多德哲學——形式論理學）與基督教教理之調和，即由哲學之眞理而證明基督教徒之信仰之一種哲學也。因而此時代之基督教，生成一種排斥教權而重視理性之傾向矣。

此種傾向，其影響及於教育之上者甚大；欲探究此煩瑣哲學之起源，不可不知愛蘭（Elam）之哲學者亞利熱那之學說。

亞利熱那

亞利熱那（Erigena）者，生歿年不詳，大約爲紀元八〇〇年至八七五年間，即第九世紀中之人也。彼嘗在巴黎及牛津大學從事教授。當時法皇尼哥拉（Nicolus）一世，目亞利然那爲異端，加以非常之迫害；然其學說，實爲後世煩瑣哲學，即所謂中世神學之始祖。彼嘗曰："神爲原始的根本，萬有之中心點，結局點也。神與萬有之全體，謂之自然。自然者，大於吾人之所謂世界也。顧吾人之所謂世界者，全體之一部，而他之部分，即神是也。"觀其所言，意謂世界全爲神所創造，即神之所有者也。世界之本質，世界之精神，即神是也。質言之：即彼以哲學與宗教爲同一之物也。嘗曰："眞正之哲學，即眞正之宗教，眞正之宗教，即眞正之哲學，哲學與

亞利熱那之學說

哲學與宗教

宗教，二而一，一而二者也。所異者，唯前者考究神，後者崇拜神耳。”

亞利熱那之教育思想

亞利熱那之學說，如上所述。彼欲改其從來基於教權所施之寺院教育，而施以基於哲學與理性之教育也。世人雖稱彼爲煩瑣哲學之祖，然自事實上觀之，此哲學之隆盛，實始於安息穆之後，故嚴格論之，不得不承認德意志史家斯威格利（Schuregler），（一八一九——一八五七）之所稱以安息穆爲煩瑣哲學之創始者也。

安息穆

安息穆（Anslem）者，意大利人，生於紀元一〇三三年，至一一〇九年而歿。家世貴族，自幼篤信宗教，入法蘭西之有名的比革（Bec）寺院，累升爲寺長，紀元一〇九三年，被選爲英國之大監督，後與英王反抗，爲英王所放逐，歸意大利；然未幾，和約告成，復渡英國，執行舊職，以終其晚年之生活。

安息穆之哲學說

安息穆哲學說中之最著者，卽神之存在之證明也。彼從二方面而證明之：其一，謂凡物皆有原因，溯其原因，遂到達唯一最高之原因，此最高原因，謂之神；其二，所謂“本體論的或實體論的證明”（Ontological proof or argument of the existence of God）者，卽以神爲絕對的完全，絕對的圓滿者也。故神不可不存在，苟神而無存在的性質，則必不完全，必不圓滿，是以認完全圓滿之神爲存在者也。其他，彼之著作如於《神何故爲人？》一書中所論基督之贖罪，一時頗大感動於世。

本體論的證明

在中世之哲學上，較之安息穆更進一步者，卽亞畢喇都是也。

亞畢喇都

亞畢喇都（Abelard）者，法蘭西人，生於紀元一〇七九年，至一一四二年而歿。彼之經歷，見於其所著之《我之不幸的經歷》（Historia Calamitatum Mearum）一書甚詳，茲不備述。

名目論與實在論

當安息穆任根德堡之監督時，在煩瑣哲學上，“名目論”（Nominalismus）與“實在論”（Realismus）之爭論甚盛。此爭論之要點，即在個物與普遍之關係。“名目論”者，紀元一〇九〇年，爲羅施西林（Roscelin）所首唱，謂普遍云者，不過一名目耳；眞之實在者，個物也；普遍者，在個物以後之名目也。此“名目論”之反對論者中之最著名者，即前所述之安息穆是也。安息穆之說，屬於柏拉圖之思統，謂普遍者，先個物而立之實在也。此兩說之間，折其衷者，即亞畢喇都是也。

羅施西林

亞畢喇都之學說

亞畢喇都者，謂普遍者，存於個物中之實在也，苟存於個物以外者，唯概念耳。

此“名目論”與“實在論”之爭論，雖屬論理上、哲學上之事，然其影響及於當時實際方面者甚大。若從羅施西林之說，謂普遍者，唯一名目耳，則加特力（Catholic）教會，不過一多數個人集合之名目；眞之實在，唯在個人，而教會遂不能超越個人，立於個人之上，以宣示其教理、信條，主張教權，擅弄威福矣。於是教會不得不極力主張“實在論”；且有主張至極端者。然所謂“實在論”者，與常識相離甚遠，即稍稍主張之，且不能適用於實際，況主

教會之危機

張至極端乎？然則亞畢喇都之調和論，立論公平，切於實際，宜爲當世所推重矣。

巴黎爲煩瑣哲學之中心

亞畢喇都者，不特有深遠之學識，且常以優越之雄辯而發表之，因以四方學者，雲集而來，由彼一人之力，遂使巴黎成爲中世哲學運動之中心矣。

由是煩瑣哲學者，在英、德、法、意、西等國，皆呈有非常隆盛之勢；苟欲研究深遠之學理者，無有不聞風響從，碩學鴻儒，亦紛紛而起。舉其著名者，如有獨步無偶的博士（Doctor）之名，所謂哈列之亞歷山大（Alexander Von Hales，+一二四五）；有大學者或宇宙的博士之名，所謂亞勒伯圖・曼古那（Albertus Magnus，一一九三——一二八〇）、多馬斯・亞基弩（Thomas Aquinas，一二二七——一二七四）及帶尼蘇・格都斯（Duno Scotus，一二七四——一三〇八）等是也。就中以多馬斯爲最著名。多馬斯者，有天使的博士之名，移亞里士多德之哲學，使適合於時代之精神，而發達其所謂煩瑣哲學，以至於加特力教的哲學之頂點也。帶尼蘇・格都斯者，亦爲牛津及巴黎大學之教授，有可驚的博士之名，彼雖盡力於圖謀煩瑣哲學之發展，而維持其盛大，然彼之哲學中，已有頹勢之伏在矣。至於彼門人維廉・亞謨之說，其意雖欲發達煩瑣哲學，挽回教會之衰運，然在事實上，已急轉於反對之方向矣。

多馬斯

帶尼蘇・格都斯

維廉・亞謨

維廉・亞謨（William）者，英國人，生於紀元一二七〇年，至一三四七年而歿。彼又以出生地鄂喀（Occam）爲名；鄂喀之哲學，爲反對教會所主張

維廉・亞謨之名目論

之“實在論”，而主張“名目論”者也。彼曰：“吾人若以‘實在論’爲是，則普遍者，同時當存於各個事物，然而同一物同時存於各個事物，在事實上，絕對不可能也。故普遍者，非實在，乃名目也。”

煩瑣哲學之衰頹

維廉·亞謨以後，煩瑣哲學者，雖尚輩出，然其與時代之精神相背馳而來，莫能挽回其衰運矣。

煩瑣哲學對於教育之影響

總之，煩瑣哲學之及於教育上之影響者，凡研究教育者，決不可忽視也。蓋此哲學發生以後，基於從來之教權主義之基督教教育，漸次變爲重理性及觀察矣。卽如後世科學之勃興，基於此者，實非淺鮮！又中世紀末葉，大學之興起，亦受此哲學之影響也。顧此哲學，其中含有非難缺點之處，固爲不少，然當中世紀教育不振之時期，獨能熱心從事於學術之研究，作爲高等教育之中心者，其功不可不歸於煩瑣哲學者也。

第五節　猶太人及亞剌伯人之教育的影響

歐洲之教育，蒙猶太及亞剌伯教育之影響甚大，猶我國古代教育之影響，蒙及於東亞各國也。故欲眞正理解歐洲之教育，不可不敍述猶太及亞剌伯之教育。

猶太

猶太（Jews）者，種族名，初稱希伯來

（Hebrew）。紀元前九五三年，希伯來王瑣羅門（Solomon）卒後，其國忽分裂爲二：北部曰以色列（Israel）國，南部曰猶太（Judaea）國。

猶太人之影響

猶太人者，在古代時，其思想甚爲發達，其文化較諸當時各國之國民，出一頭地，例如數學、天文學、法律學，皆夙爲其所研究，教化因之大行。有大闢（David）者，（約紀元前一〇三三年之人），在瑣羅門王（紀元前一〇一五年——九七五年）之時代，征服四鄰，文化之發達，國力之擴張，實冠於西歐也。

猶太人之教育

猶太人元來以家族爲社會之基礎，故彼等之家族的觀念，頗爲强大，同族之鞏固的團結，實爲猶太人之特性也。因而在教育上，亦以家庭爲其實行之唯一形式，在家庭上，父爲一家之長，施行一切之權利，同時以其子爲神之所賜，故教育子女，常承認其所以爲人之價值及權利，不得任己所欲，自由而處分之。其教育之中心，在於宗教；教授時，先教以神之爲何物，使知奉神之種種方法；時又加以服從父母，尊敬長者，崇拜祖先諸德及其他歷史、法律諸科。

猶太後爲羅馬所併吞，其國雖亡，然其家族的種族的生活，尚能維持，雖彼等移住於歐洲各國之際，猶能努力維持其祖先之遺風，著述書籍，設立學校，而從事於少年之教育；當歐洲之教育，尚屬幼稚之際，猶太人已散在各地盡心於教育，其影響及於歐洲者，可謂大矣。

至於亞剌伯人則何如？述之如下：

亞剌伯

亞剌伯（Arabia）者，位於亞細亞之最西，而爲世界最大之半島也。其地爲回教起源之所，有謨罕默德者，卽回教之始祖也。

謨罕默德

謨罕默德（Mohammed）者，生於紀元五七一年，至六三二年而歿。其幼時經歷，不得其詳，傳說謨罕默德生長於美咯（Mecca）地方之一神官家，初傭於豪商，後入贅於某寡婦之家，爲其家主，因以致富，行商各地，視察風俗，考覈宗教，遂隱遁而有所沈思；年四十，出而獨樹一宗教幟，勸導國人，時美咯人惡之，防其布教，且謀殺之，紀元六二二年，謨罕默德逃至默德那（Medina）府，是年卽爲回教之紀元。謨罕默德在默德那信徒旣衆，後率歸美咯，陷其城，卽以兵力布教，幷吞四鄰，自稱受天帝（Allah）之使命，出而說教，改革亞剌伯全國之宗教與風俗；其征伐異教徒也，則取遵行神命之主義，謂劍爲天堂地獄之鍵，以腕力爲布教法門，對於異教徒，必使其於刀劍、歲貢、經文三者之中，擇其一，如不爲教徒，則納歲貢，否則，威之以劍，故其宗教傳播之神速，大有一日千里之勢焉。爾後，其武的勢力雖傾於守成，然當時之教化，大爲其所振興，種種之學術、技藝，非常發達，較之當時之基督教國，不啻有霄壤之別；彼等國民之中，又有多數之學者與教育家，接踵而出，亦可謂盛矣。

回教之紀元

神命主義

迦里布

謨罕默德法統繼承者，謂之“迦里布”（Caliph），繼位之義也。最初僅有一人，支配謨罕默德教之全國，後因其血系互爭迦里布起戰爭。紀元七五五年，遂分爲二迦里布：一在西班牙（Spain），一在白達（Bagdad），各自卽位，自是東、西之兩迦里布，相並修治，各自獎勵教化，不相上下，各地學校，因之林立，亞里士多德及其他希臘學者之著作，皆譯以亞剌伯語，算術、天文學、哲學、文法諸科，盛行研究；化學、代數、三角術諸科，大形進步，且此等學科，無所不施其教，因而歐洲各國之學生，皆負笈而來，輻輳於亞剌伯人之學校，就中以科達華（Cordova，在西班牙）爲最盛。西班牙之教育，在法知麻（Fatimides）三世（九六一——九七六）之時，極爲盛大也。

亞剌伯之學校

學校分專門、普通兩種，施專門教育之大學，在當時亞剌伯人之領地內，共有十七所，例如白達及科達華大學等是。此等大學，教授神學、法律學、哲學、醫學、言語諸科。普通教育亦盛，小學校遍地設立。學生就學之期限，貧窮兒童，自五歲至八歲止；富家子弟，自五歲至十四五歲止。

第六節　高等及普通教育之勃興

中世紀後半葉之教育

中世紀之教育，如前（第三節）所述，其初雖專爲基督教之教會及寺院所行之事業，然其後有爲宗教的勢力所不及之武士的教育與之相並而行。迨

高等教育與普通教育

中世紀末葉，世人漸厭教權之壓迫，希望自由討究之念益，切馴致從來寺院所行之高等教育，悉移於大學；至於普通教育，則爲僅保餘勢之武士的教育與忽然勃興之市民學校所盛行矣。茲由是先就大學之起源敍述之。

大學之起源

本山學校及寺院學校

拉利（Laurie）嘗論曰：“吾人若求大學之種子，則不可不謂其爲本山學校及寺院學校所胚胎而發達者也。然而使吾人對於七學藝欲行較深遠之獨立的研究者，則不可不歸源於亞剌伯人所設立之白達（Bagdad）、巴比洛（Babylon）、亞歷山大（Alexander）、科達發（Cordova）等學校也。”

大學

大學（Universität, University）一語，實出於拉丁語（Universitäs），譯其意，卽團體之義；申言之，卽多數學者或學生之集會，互相研究之所之謂也。大學者，其初與教會或政府無何等之關係，係一完全自由之團體也，其後漸成爲教育之機關，始有學校之意味，由是教會及王侯對此皆加以保護矣。

薩拉爾諾大學

波隆亞大學

如此由學者或學生之研究會，漸次發達而爲大學，實以意大利薩拉爾諾（Salerno）之大學爲嚆矢；此大學初僅授醫學一科，爲猶太人所設立者也；紀元一〇六〇年，始行公開，經政府之認許，得受種種之特權，後又加以哲學、法律諸科，學生之數，俄然增加。其次繼薩拉爾諾而起者，爲意大利波隆亞（Bologna）之大學；此大學其初亦僅授法律，然至第十二世紀，經政府之公認，得受種種之特權，後又加以哲學、醫學、神學諸科。當時歐洲諸國少年之研究心，頗爲顯著，至同世紀之末葉，負笈而來入此大學者，竟達一萬二千餘人云。

以上所舉兩大學之外，尚有一最古之大學，當時極爲盛大，常有二萬餘人之學生，而且有北歐洲之模範大學之名者，即巴黎（Paris）大學是也。但此大學，與前兩者大異其趣，若溯其起源，即由所謂本山學校（Kathedralschulen）所發達而成者也。其初專授神學，生徒之大部分，亦皆爲僧侶，經羅馬法王之認許，定爲神學之高等學校，尋而添置種種之學科，聲譽益著。

巴黎大學

大學之設立，漸次推及於各地，紀元一一四〇年，英國之牛津（Oxford）大學；一二〇〇年，劍橋（Cambridge）大學，先後成立。至第十四世紀，德意志之普拉額（Plag）大學，首先設立；繼之者，則有威因（Wein）、哈德堡（Heidolburg）、哥爾（Köln）、歐夫（Erfurt）諸大學。其他如法蘭西之痾爾良（Orleans）與加荷（Cahons）二大學；瑞典之留特（Lund）與烏布薩拉（Upsala）二大學；那威之基利斯底安（Christiania）大學及丁抹之哥卑納吉（Copenhagen）大學等，亦皆爲此世紀之產物。第十五世紀之初，德意志之華士堡（Würzburg）、來比錫（Leipzig）、羅司託克（Rastock）諸大學，相繼設立；其他歐洲各國，無不率依此勢，競立種種之大學。

歐洲各地之大學

如上所述，當時之大學，皆與教會及王侯互相分離，各有獨立之性質；然此等大學，在社會上，漸占有勢力之際，則教會及王侯，皆欲羅致此等大學

大學與法皇之勢力

置於自己勢力範圍之下，由是此等大學盡入其彀中矣。爾後之法皇，殊占非常之勢力，凡大學之設立，雖已經國王之認可，然同時不可不得法皇之同意也。

王侯與大學之特權

當時之大學，由政府授以種種之特權，已如上所言矣。然則所謂特權者，究竟指何而言乎？夫此種種之特權，大抵爲當時之王侯，見大學在社會上日占勢力，因欲以此買其歡心也。其特權中，有所謂治外法權者，卽大學之教授及學生發生法律上之事件時，概在大學內自行裁判之謂也。大學旣有此種特權，則學生倘爲警察所拘留，其刑罰之如何及其執行，一唯大學當軸者之意思是從，警察、官吏不得擅行處分也。是以凡大學之教授及學生，與一般市民互相分離，而自成一特別之社會，故國家所規定以拘束市民之法律，其效力殆不能及於大學生矣。

大學之教科

大學之教科，分爲神學、法學、醫學三科。此三科之下，另有教授七學藝及哲學之豫備科。在此豫備科修畢者，始許其學習神學、法學、醫學諸科。

普通教育

以上所述，特就大學及高等教育言之耳，至於市民學校則何如？吾嘗就此而敍述之，以明當時普通教育之狀況。

史家有恆言曰：“中世十字軍之役，爲促進歐洲商工業急速隆盛之原因。”此實當然之事實也。吾今更進一言曰：中世十字軍之役，旣促進歐洲商工業之隆盛，而商工業之隆盛，又發生歐洲各地市府之勃興也。簡言之，卽中世十字軍之役，亦爲各地市府勃興之原因也。自各地市府勃興以來，其自然的趨勢之所歸，則市府之住民，皆以教育兒童爲必要之務，然則此等市府之住民，欲施兒童以何種之教育乎？吾恐當時之市民，對此問題，頗費躊躇矣。何以言之？蓋彼等若使兒童入寺院學校，則寺院學校，必就天國之幸福詳爲講演之，或就七學藝深爲說明之；若使兒童受武士的教育，則武士的教育，必授以乘馬、擊劍之術，並使學習尊敬女子之法；若使兒童入大學，則大學必授以高等學科之教育，使養成學者之資格，然無論何者，皆非爲適切於從事商工業者之教育。由此觀之，當時既無相當之學校，則此等市民子弟之教育，可以已矣，然而又不得已也。蓋當此商工業隆盛之時代，人若無相當之職業的智識，必不能獨立自營，完全生存於競爭之場，故當時之市民，爲將來市府之發達計，乃以一市之經費，設立一種特殊之學校，教授子弟以關於商工業上之智識。此種學校，對寺院學校而言，稱之爲市民學校（Burgeschule）或市學校（Stadtschule），此即今日自治制萌芽之見端也。若以今日中國之情形比論之：西洋中世紀時代之市民，不滿意於當時之各種教育，而設立市民學校者，與吾國今日之一部人士，不滿意於空虛學問，而提倡職業教育者，同出一轍。是各應時勢之要求，不得不出此補偏救弊之舉也。

市民學校之設立

如以上之所述，從來之教育，僅在寺院行之，然至市府勃興之際，一般市民咸以適合於自己理想之教育，施之於兒童，盛行設立市民學校矣。然而當時之僧侶，猶存一教育爲彼等專有事業之觀念，欲使市府所設立之市民學校，亦皆置於僧侶監督之下，於是市民與僧侶之間，大生劇烈之軋轢，而其最終之勝利，竟歸於僧侶，致使市民學校，因而建設僅及半輒行中止者有之；或受僧侶之干涉，校運漸趨於衰頹者有之；或其學校全入僧侶之手者亦有之；唯少部分之市民學校，以强硬之手段，不受僧侶之干涉，仍在市府監督之下，特任校長，使之執行其小市民之教育也。

市民與僧侶之軋轢

市民學校教師之薪俸

市民學校教師之薪俸，由市府庫所發給之定額的俸給與市府所規定之學費二者而成；然而一般之教師，以薪俸之微薄，於維持生計上漸覺困難者，頗不乏人也。

市民學校之種類

市民學校分爲二種：卽國語學校及拉丁學校是也。國語學校，教授國語之讀書、習字、算術及其他關於書信往復之類，以養成日常所必需之智識、技能；拉丁學校，以拉丁語爲主，時又加以讀書、習字、文法、宗教、讚美歌諸科。

學生

學生初以市府子弟爲限，然自他方來留學者，亦復不尠。

市民學校之批評

總上所述，則可知市民學校之教育，以卑近而切於實用者爲主。其目的卽在養成商工業上有用之人材也。惜乎待遇教師太薄，故無甚成績可尋焉。

第六章　人文的教育

第一節　文藝復興

紀元四七六年峨特（Goth）種族之阿道塞（Odovaker）王廢西羅馬皇帝奧古士丁（Augustulus）自立爲意大利王，建設意大利之羅馬帝國。然未幾，意大利之羅馬帝國，又爲北方日耳曼蠻族所蹂躪，遂至滅亡，自是希臘、羅馬之文化，如前所述，有急轉直下逆行退步之勢；雖偶有沙爾大帝出而獎勵學術，振興教化，然大帝崩後，繼起無人，致使大帝所苦心經營之事業，悉成水泡。譬之將沒夕陽，忽然從雲霧之隙，射出光線，一霎間遂入暗夜矣。故世人稱第十世紀之時代爲“黑暗時代”，亦可謂畢肖其形容也。洎夫第十一世紀，則如前所述，有多數人士之努力奮鬪，慘淡經營，以維持固有之文明，挽回已死之氣運，其結果遂使一般沈入黑甜之人民，稍稍覺醒，得見地平線上漸漸將出之曙光，一入第十五世紀之時，則如旭日東昇，光華復旦之所謂“文藝復興”（Renaissance，or The Revival of Learn-

文藝復興之意義

ing），忽然現出，能使當時人民欣然重見天日矣。玆當敍述此“文藝復興”前後徑路之梗概，以明此過渡時代之狀況。

十字軍之影響

中世時代之十字軍一役，自第十一世紀以迄第十三世紀世界史上之一大事件也。斯役也，其直接之目的，雖不能達，然論其結果，頗爲重大。

此役發生以來，昔日互相敵視之歐洲各國國民，於冥冥之間，養成協同一致之精神，或因此促進通商貿易之發達；或主僕之間，因此患難與共，協力將事，人己上下之見，至是翕然和洽，非若昔日有嚴格階級之分矣。甚至王侯之中，因此役破產，而與侍臣陷於同一之境遇者，比比皆是也。昔日封建之制度，至此蕩然無復有存。由此觀之：自黑暗時代將入覺醒時代之歐洲各國國民，其蒙十字軍役之影響，蓋甚大也。至於文化方面，受此役之影響，尤爲顯著。當時劣於西亞文明而不完全脫離野蠻風習之西歐人民，在此一役，得吸收東方之風俗、習慣及學藝上之各種新智識，獲益誠非淺鮮！爾後此等新智識實爲一種之暗流，漸漸醞釀其所謂“文藝復興”之新氣運矣。

煩瑣哲學之影響

其次爲煩瑣哲學。夫煩瑣哲學者，爲中世之學術，極爲隆盛，漸次脫離於教權的勢力矣。就煩瑣哲學自身而論，後來雖甚陷於衰微之域，然其在能脫離於教權的勢力之時代，更事一種之新研究，亦足以促進新氣運之勃興也。

宗教之腐敗

至於宗教之狀態則何如？昔日自稱文明指導者

之僧侶，至第十三四世紀之時，非常墮落，彼靈界支配者之法皇，卻攝威於俗界，天國代表者之寺院，變爲墮落僧徒之巢窟，神聖之信仰，斂步不前，僅爲表面之一種形式，遂不能維持世道人心矣。彼之以武士道爲體，所謂道德的模範之武士，自十字軍之役以來，亦漸次失其勢力，不能感化人心，如此武士道之衰頹、宗教之腐敗，於冥冥之間，亦能促進精神上之革新，而醞釀其新氣運也。

武士道之衰微

當是時也，一般社會之狀態爲何如乎？夫當時一般人民酣夢漸醒，各具有朝氣之活動，加以人口日增，其活動益烈，卒能使上述數端所醞釀而將成熟之新氣運，遂現出於社會之表面矣。當時爲此活動之中心者，有所謂人文主義之學者（Humanisten），其鼻祖，例如唐旦（Dante，or Durante）、比的拉加（Petrareh）、薄加起（Boccaccio）諸人是也。吾當略述此等學者以明人文主義學者之活動與文藝復興之狀態。

社會之活動

人文主義之學者

第二節　人文主義之活動

史家德列伯（Draper）曰：自紀元一四七〇年以迄於一五〇〇年之間，歐洲出版之圖書，實達一萬有餘部，而此多數之圖書，皆爲意大利人之產物，可知意大利實爲當時學術運動上之巨擘矣。故吾人欲

意大利之人文主義

敍述人文主義之活動，當首推意大利也。

唐旦

唐旦（Dante）者，紀元一二六五年生於佛稜斯（Florence），嘗就學於此地，其授業之師爲拉丁尼（Latini）；拉丁尼者，當時之大哲學者，兼大修辭家也。唐旦師事拉丁尼時，凡有名之羅馬詩歌，悉爲其所受，卽哲學、歷史、神學諸科，亦傳習焉。當時革命之氣運方盛，改變屢起，唐旦本具有政治才，因亦投身於政界，參贊佛稜斯共和國樞機，晚年爲反對黨所放逐，萍踪靡定，浪遊各地，備嘗艱苦，至紀元一三二一年，歿於貧窶中。

文藝復興運動之鼻祖

唐旦之思想，與其謂代表近世，寧謂代表中世也，何則？其不朽之傑作，曰《神聖喜劇》（*Dvine Comedy*）一書，實深合中世之文化也。然則彼所獲得之地位，非近世文明之先驅，乃中世文化之殿將也，而吾人所以敢認彼爲人文學者之首魁，文藝復興運動之鼻祖，亦以《神聖喜劇》一書之中，已放射新文明萌芽之現象故也。觀彼書中所選之主人翁，不以中世之基督教的人物，而以古代之人物，卽其明證也。由是言之：唐旦者，實開後世古典研究之先聲，而爲文藝復興之鼓吹者也。

比的拉加

比的拉加（Petrarch）者，生於紀元一三〇四年。父爲著名之法律家，故欲使比的拉加成爲法律家者，乃其父之素志也。初比的拉加對於羅馬法，既無嗜好，又無能力，遂蓄志爲一文學者；然其後，亦與唐旦之境遇相同，竟投身於政治界，屢居重要外交官之地位。至紀元一三七四年而歿。

比的拉加之自負心

比的拉加向有癖性，常存一强大之自負心，彼自以博得大學者之名稱，蒙王侯貴族之優待，爲無上之光榮。一至晚年，此癖性益臻極端，乃作書二通，以遺後世：一致古代之哲人，一致後世之人。前者以自己比擬古人，後者謂現代之人，無一可以比擬自己，不得不求之於後世，彼嘗謂凡人不可無對等之朋友，然實際上，彼對於不服從自己者，輒不以爲友；又謂凡人不可無公正之批評，然人若加彼以批評，則必以仇敵視之，諸如此類，皆彼之癖性也。

彼嘗修希臘語，其造詣雖甚淺，不足稱爲希臘語學者，然於彼所主張欲復興古代之思想，當以希臘語爲重大要素之說，固未嘗因此而減其效力也。

文藝復興對於近世教育之影響

深嗜古代書籍之比的拉加，始終以非常之熱心，鼓吹古典之研究，欲使古來寺院所維持之學術，再流行於當世社會；彼自覺吾人之精神，實能脫離教權而自發揮其偉大之勢力，然欲發揮此勢力，不可不賴自己活動（Selfactivity）。是以彼力排當時所行之神學、哲學、法律、醫學及煩瑣哲學等無益之形式的方法；而熱心主張自由討究、自己活動，彼之能影響於近世教育以此，彼之所以爲人文主義之祖亦以此。

薄加起

薄加起（Boccaccio）者，生於紀元一三一三年。性甚謙遜，與比的拉加頗親睦，相交至二十年之久。彼之素志，亦在研究古典，以古文學之復興爲已任。彼實爲人文學者中能讀荷馬原書者之第一人，此彼平生最得意之事也。至紀元一三七五年而歿。

人文主義者之主張

大凡此等學者，皆以爲人者，須脫離宗教的勢力，而自有其合理的自覺的要素，以保其偉大之價值者也。人欲發揮其價值，莫若復興古代文明之精神，故彼等無論於文學、技術及其他種種科學上，皆排斥宗教的勢力，代以古代所有健全之現世的自由的思想，世稱之爲“人文主義”（Humanism）。主張此主義者，謂之“人文派”（Humanitarian），當時信奉此主義之人士咸向社會各方面而活動，卽在教育上，信奉此主義之教育家，亦有一種，傾向卽欲本人文主義，以人文的教科而教育人類是也。

第三節　人文主義之教育（一）

人文主義之教育

人文主義之意義，已如前所述。當由是更進而敍述當時本人文主義以從事於教育之主要教育家及其學說之梗概。

佛葛里烏斯

佛葛里烏斯（Vergerius）者，意大利人，生於紀元一三四九年，至一四二八年而歿。彼嘗謂教育者，不可不謀兒童身體、精神二者之調和的發達也。體育則課以競走、跳躍、乘馬；智育則授以哲學、修辭、歷史、自然科學、音樂諸科。教授之際，一時不可有多量之注入，若教材之分量過多，有害精神，其記憶力反因之而薄弱，譬之飲食過度，則傷胃而害身體也。又須使學生時常討論，以資練習言

佛葛里烏斯之學說

語，活潑精神，增進其記憶力，整頓其智識之用云云。

非爾脫勒（Feltre）者，亦意大利人，生於紀元一三七九年。生平甚嗜教育事業，熱心將事，不辭勞苦。紀元一四二四年，意大利曼德華（Mantova）王聘其爲二王子之傅，且在王所設立學校，教授有年，至紀元一四四七年而歿。　非爾脫勒

彼之學說，與佛葛里烏斯相同，亦嘗主張謀學生身體、精神之調和的發達，發展上古希臘之教育。其體育之方法，依然使練習乘馬、角力、劍術、游泳諸技；睡眠、飲食，務使之勿失之於過度。其心育以德化人爲主，又頗致力於教科書之選擇；其教材則言語、數學、哲學、音樂諸科而已。　非爾脫勒之學說

委基烏斯（Vegius）者，亦意大利人，生於紀元一四〇七年，係羅馬法皇所保護之人文主義的教育家也。至紀元一四五八年而歿。　委基烏斯

彼之學說，嘗曰："教育雖始於兒童出產之時，然以兒童之被教育性而論，不可不注意於懷姙中，或懷姙前之父母行動也。母當懷姙之時，須於寢室之中，設置優美之圖畫與雕刻，須有適宜之飲食，須避激烈之運動，精神須常保持安靜之態度；既出產兒童之保育，尤須特加注意。幼兒施以適當之運動，固爲必要，然未滿五歲之兒童，不可使之作業，兒童有强大之模倣性，須常示以善良之模範，以德化其品性，一達七歲，始授以各種智識。其教師與學校，不可屢有變更，譬之植物，若任意移植，反爲有害。選擇教師，雖初等之教育，亦須以智德兼優　委基烏斯之學說　兒童出產前後之注意　教師與學校之不可屢次變更

教材之選擇

者爲合格，否則，必貽後悔。教材須就希臘及羅馬之有價值的書籍選擇之，其他音樂、圖畫、習字諸科，須行並課，稍稍發達之兒童，則授以哲學。然此種精神的教育，不可不常與體育相並而行也。”云云。

人文主義的教育家執教鞭之所

人文主義的教育家執教鞭之所，即一切學校與家庭是也。就中最爲吾人所當注目者，大學教育也。歐洲中世時代之設立大學，以意大利爲嚆矢，前已言之矣。然其大學之隆盛，則在第十四世紀之時也。其學科以神學、法學、醫學等爲主；以修辭、天文、哲學等爲輔。其教師之俸，頗爲豐厚，每年可獲俸金五千元至一萬元。任期則終身以之者亦有之，然通例以一二學期或一學年爲度。人文主義之學者，原僅擔任修辭科之教授，然因醫學、法學諸科之待遇較優，故擔任此兩科之教授者漸多。當時大學之外，另有私立學會及寺院等，與大學施同一之教育；又有專門學校，有公私立之拉丁學校及其他種種之私塾，皆爲人文主義的教育家執教鞭之所也。

教師之待遇

人文主義隆盛之由來

此等人文主義之教育家，先後輩出，學校相次設立，人文主義日益流行。當是時也，意大利之諸侯亦皆醉心於人文主義，而熱心以獎勵之，故凡饜於舊教育舊學術之人士，無不翕然傾向於人文主義矣。

當時又有一般社會的現象，力能刺激人文主義之學者及其教育家，並促進文藝之復興，助長文化之發展者，列舉之如下。

（一）東羅馬帝國之滅亡也。東羅馬帝國之首府君士坦丁堡，被俄都蠻土耳其（Ottomanturkcy）王謨罕默德二世攻圍之後，遂於紀元一四五三年五月二十九日全歸於滅亡。於是君士坦丁堡之學者，多攜希臘、羅馬之古代書籍，出奔於意大利，或結廬講學，或膺王侯徵聘，以振興文學，提倡教育爲事。由是希臘、羅馬之古文學，爲中世紀歐人所未曾聞見者，勃焉而興矣。 東羅馬帝國之滅亡

（二）活字版及製紙之發明也。當活字版及製紙未發明以前，一切書籍，悉以筆刻於木石之上，猶吾國古代之載文於竹簡也；其價值昂貴，一般人士不易得而讀之也。至第十五世紀之初，有德意志之斯脫拉巽（Stralsund）人，名俄典保（Gutenberg）者，發明木製之活字版（一四四五）；其後又有弗烏斯特（Faust）、塞布也爾（Sehoeffer）二人，發明金屬製之活字版（一四五〇），是時樹皮、麻布之製紙法亦發明。於是一切書籍，概付剞劂，價廉製精，易於傳播，前節所謂紀元一四七〇年至一五〇〇年之間，歐洲出版之圖書，實達一萬有餘部，職是故也。 活字版及製紙之發明

（三）其他如亞美利加之發見、航海術之發達、封建制度之衰頹、社會組織之改革，其影響及於文藝之復興，誠匪淺鮮！ 新大陸之發見　航海術之發達

意大利所發起之文藝復興，其波動遂及於歐洲各國，勢非舉其全體而悉行改造不可。意大利既成文藝復興之中心，而爲生命的人文主義之根據，是 封建制度之衰頽　社會組織之改革

以人文主義，遂風靡全國，而上自法皇宮庭之公文，下至一般社會之書簡，演說及婚禮葬祭之慶弔，一律皆向用拉丁語矣。

文藝復興之波及

人文主義既如此之流行，則文藝之復興日益强盛，而教育之事業，亦日益發展於新方向矣。

雖然，人文主義者固以古代之文化反抗基督教而起者，而其手段常帶有消極的破壞的之性質。在道德的方面，猶不免有闕陷，故至第十六世紀之時，一般人士，非難人文主義之聲大起；且因書籍非常普及，縱無此等學者之存在，當時世運，自易與古代文明相接觸；加之意大利之王侯，皆蜷伏於西班牙勢力之下，基督教之勢力，乃漸次恢復，由是人文主義，大形衰頹，此派之學者及教育家，皆不敢公然自號於世矣。

人文主義之衰頹

第四節　人文主義之教育（二）

以上所述，僅就西歐之人文主義的教育言之耳。茲更進而述北歐之人文主義的教育：前節不云乎？中世紀之末葉，市府勃興，市民學校盛設，大學亦非常發達。當是時也，昔日繁盛之寺院學校，甚陷於萎靡不振之境，市民以外一般庶民之教育，漸趨於荒廢，於是所謂新氣運，亦爲彼等教徒所醞釀而成矣，世稱之爲“新教派之勃興”。此新教派在教

國民教育之荒廢

新教派之勃與

育史上爲吾人所不可不注意者，卽和蘭之特維德爾（Deventer）地方所起之“共同生活”（Dio Brüder des Gemeinschaftlichen Lebens）一派是也。此派爲格羅所首創。

格羅

格羅（Grootc）者，特維德爾人，生於紀元一三四〇年。初游巴黎，研究寺院法制，兼修神學、醫學；業既成，欲以健全之宗教救濟人類，然當時一般腐敗僧徒大起反抗，其志不果，遂歸鄉里，專心從事於少年之教育；業未及半，偶患鼠疫而卒，時方紀元一三八四年也。

格羅一派之事業

格羅歿後，當時人士，繼彼之志相踵而起者，頗不乏人。彼等益擴張其團體，內則以書、寫、手技、耕耘、漁獵諸業務爲事，以鞏固其基礎；外則謀健全的基督教之弘布，兼致力於一般兒童及貧民之教育。其教化之方法，於共同生活之下，施以嚴格之宗教的修行，非如他僧徒之僅仰他人之慈善，以維持其衣食者。在無害於信念之範圍內，從事各種事業，躬自勞動，以謀生計，而弘布其基督教，發揮其教義焉。其教化之根柢，旣在於基督教，故彼等雖從人文主義，亦如意大利學者與教育家之排斥煩瑣哲學，嗜愛希臘、羅馬之學術，尊重古代之思想，富於自由之精神，然非如若輩之放縱不羈，無所忌憚也。此派教育家之中最有名者，卽亞格里哥拉是也。

亞格里哥拉

亞格里哥拉（Agricola）者，和蘭人，生於紀元一四四三年，至一四八五年而歿。彼嘗遊學四方，研究古文學，兼修哲學，尤長於音樂；業成後，執德

哲學之獎勵

意志哈德堡（Heidelberg）大學之教鞭，教授古典。彼常獎勵哲學，曰：“欲獲眞正之智識，及完全之幸福，不可不研究哲學。”彼分哲學爲二種：一曰道德哲學，一曰自然哲學。道德哲學者，由古來哲學者之學說與歷史上之事實上求之，而必遵循《聖書》所示之法則，使吾人之生活進而爲神聖之謂也。自然哲學者，由地理、動植物、醫學等自然的教科上修得之。彼又分修學之方法爲三段階：第一，須善了解新智識；第二，須善記憶其所了解之智識；第三，須善應用其所記憶之智識。

教授段階之一種

亞格里哥拉歿後，在特維爾德派教化之下所起之人文主義之偉大的教育家者，卽耶拉斯麥是也。

耶拉斯麥

耶拉斯麥（Erasmus）者，在紀元一四六七年，生於和蘭之羅多爾但（Rotterdam）；幼而失怙，自九歲至十三歲之間，就學於特維德爾，後入巴黎大學，修神學及文學，尋入英國之牛津大學，後周遊各地，遂卜居於巴塞流（Basel），竭力攻擊宗教之腐敗，排斥煩瑣哲學，以振興人文主義爲已任。至紀元一五三六年而歿。

耶拉斯麥之事業

耶拉斯麥之學說

耶拉斯麥之學說，嘗謂人之幸福，由保持其天賦之美質，勤修學業，鍛鍊精神而得者也。欲保持其美質，不可不養成善良之行爲及高尚之思想；欲修其學業，不可不順從宗教的道德的訓誡；欲鍛鍊其精神，不可不始終體察躬行上二事之結果。又謂兒童教育之基礎，在於家庭，母者，實幼稚兒童之自然的教育家也，故母若不注意兒童之教育，卽喪

家庭爲教育之基礎

初期之教育

其爲母之資格。凡滿七歲之兒童，欲使其身體發達，於遊戲之外，不可多施以課業，蓋幼稚兒童之身體，既以少量之營養物爲之養育，而其精神方面，亦不可不以少量之智識爲之陶冶也。彼極力主張當兒童幼稚之時，不可不於其身體方面，特加注意。凡興奮性之飲食品，不可使之食；衣服之輕重，務使得宜；衣服之品質，有刺激兒童之虛飾心者，務宜避用；其他關於兒童之居室，遊戲朋輩之選擇，皆不可不注意也。

兒童達七歲時，始施以一定之教育，希臘語與拉丁語同時並課，而以教授文法爲主。蓋語學者，爲一切智識之根柢也，但文法上之複雜的法則，不可强行注入，欲其應用實例，熟達言語，須使讀善良之書，或對話，或作文。彼關於實際言語之教授，嘗曰："教師僅就使兒童了解原文所必要之事項簡單說明之可也。若爲吐自家之學識，而讕言贅說，則大不可也。教授之時，務使學生之心集注於原文之上，善爲理解，若數數涉及他事，則徒亂學生之注意，不能使其十分玩索而有得也。"旨哉斯言！深得教授之精義矣。彼於語學之外，又論歷史、地理、博物諸科教授之必要。此種主張，雖有逆於當時一般之潮流，然彼之所以有此主張者，不過以此等學科之教授，爲研究古文學之一方便，決非承認此等學科自身有何等之價值也。

教授上之注意

實科之獎勵

彼於教授上注意其記憶力之養成，其養成之方法，在於事物之眞正理解，思想之有論理的順序及

記憶力養成法

其比較也。

訓育

彼於訓育上，極尊重禮儀。蓋當時文化尚未普及，一般社會，野鄙之風盛行，卽其最發達之種族，猶不失爲今日之所謂無智者，未免有卑賤之習慣，故彼以修禮儀爲教育上之一要項，誠可謂卓見矣。

女子教育之主張

如上所述：彼旣以幼兒教育爲女子之重大任務，故彼欲女子盡此任務，又論女子教育之必要，且曰：凡女子不可不守貞德，然而能知貞德之爲何物及守之之方法者，始眞有貞操之德；兒童之非行，皆由不良之模範而生，故世之爲父母者，在子女面前，不可有非禮之言動，彼乃主張禁女子閱戀愛歌詞、小說及其他一切之野鄙的書畫，而施之以優美的教育，使發達其智德也。

以上二氏之外，在北歐洲盛唱人文主義者，又有婁希林其人焉。

婁希林

婁希林（Reuchin）者，德意志人，生於紀元一四五五年。夙在巴黎大學，從希臘人學習希臘語，造詣頗深，兼能熟達拉丁語與希伯來語；後屢往意大利，深究古典之學。紀元一四八一年，突林克（Thürigen）大學，聘其爲教授。在德意志大學施人文主義之教授者，實以婁希林爲嚆矢也。

婁希林之事業

婁希林在紀元一五〇六年，發刊希伯來語之文典；又主張宗教之自由研究，以促眞正的基督教之進步發達。後來著名之宗教改革家路德者，蒙婁希林之影響實甚大。彼至紀元一五二二年而歿。

第五節　人文主義之教育（三）

人文主義之教育，如上所述，除意大利、和蘭、德意志外，其他如法蘭西、西班牙等國，無不施行，可謂盛極一時矣。當時以英國與意大利交通爲最頻繁，故人文主義，尤盛行於英國，遂產出多數之學者與教育家焉。今試就英國此等之學者與教育家之中，特舉亞斯權姆一人，以示英國人文主義之一般。　英國之人文主義

亞斯權姆（Ascham）者，約克人，生於紀元一五一五年。嘗入劍橋大學，受人文主義之教育，當時彼頗優於古典之研究，彼一面在大學肄業，一面對多數之少年能純熟教授希臘語一事，卽足以證之矣。業成之後，遂爲劍橋大學希臘語之講師。紀元一五四八年，爲當時王女耶里撒別之傳。　亞斯權姆

彼後爲大使館書記官，居德意志三年有奇，與大陸之學者時相交際，及任滿歸朝，復供職宮庭。至紀元一五五四年，始與馬駕勒的女士（Margaret）結婚，成一和樂之家庭焉。紀元一五六八年而歿。

亞斯權姆之著作中，有《學校教師》（*Schoolmaster*）一書，爲英國出版教育書之嚆矢。約翰生（Dr. Johnson）評之曰："此書當爲言語研究法中最良之本也"。吾由是就亞斯權姆之教育學說敘述之。

亞斯權姆力說學問之必要，嘗曰："學問者，實　亞斯權姆之學說

能將二十餘年間之經驗，僅以一年而教之也。且經驗必需長年月，往往使人入於邪路，至於學問，則無此虞也。”彼有如耶拉斯麥之所謂“經驗者，愚人及惡人之學校也”。一語之思想，極說人僅依賴經驗之危險，而主張學問之必要，曰：“學問之必要，卽教育之必要也。”然則彼之教育目的果何在乎？彼曰：“教育者，決非爲使人養成一眞正之基督教徒而設施者也。其目的，實在於養成優雅之君子，使能十分體認人道而已。”

經驗與學問

教育之目的

外國語教授法

自其教育之方法觀之：彼於教授法，立論最詳，關於拉丁語之教授法，嘗曰：教師教授拉丁語時，須先向學生將原文內容以有趣的方法詳細說明之，然後以英語叮嚀譯解，並分解其文章之構造，至使學生悉數了解而後已；後又使學生自行譯解，或分解，務使學生對於教師所教之事項，毫無疑義，於是教師命學生各出筆記簿，不許他人相助，各自將現在所習之拉丁文譯以英語，而將其原文提出於教師，約經一時間後，教師又命學生將前時間所譯之英文，更譯以拉丁語，待學生譯畢後，教師卽將其譯文與原文一一爲之對照；合者讚賞之，誤者糾正之。如此教授，則學生對於世之學校中所教之困難的言語規則之根本，自易了解，且其文法之智識，亦不難獲得也。

再譯之方法

當時語學之教授，多僅用一次翻譯，對此而唱“再譯之法”（Double translation）者，實以司打麻（Sturm）與亞斯榷姆二人爲嚆矢。亞斯榷姆以爲此方法於增進學生之理解力，强固其記憶力上，大有功效焉。

師生之關係

師生之間，彼常取親切態度，教師循循然善誘其學生，而學生則有疑必問，決勿躊躇，縱使學生有忘卻言語，誤作文句，教師不可遽加非難，任情譴責，必當以溫和之顏色而教授之也。

訓育

關於訓育，彼常主張"愛勝威"之說，曰："世之教師，能使學生於學術上有十分完全之智識，於態度上有十分正直之禮儀，一切缺點，悉矯正之；一切不德，悉祛除之，此固余所甚贊佩者也。然而就引導此等要點之順序及其方法上論之：余與世之教師稍異其見解，世之教師，往往失之過嚴，不僅不能改善學生。反使學生益陷於罪惡，彼等又往往將自己對於他事物之忿怒，遷於學生之身上，使之徒增其苦耳，可謂愚之尤者也；如此教師，今世中實不乏其人，良可浩嘆！"

對於懲罰之意見

彼又曰："就懲罰而論，彼等之教師，亦非矯正兒童之罪惡，卻將改變其性質也。"又曰："彼等以吾人對於幼稚兒童，不加威嚇，不事毆打，不使之强記暗誦，而寧以溫和與愛情誘導兒童，使之嚮學，且與之嬉笑自若，則以爲吾人徒費光陰，毫無裨益也，然而此種論調，吾恐眞正善良之教師，必不贊成。蓋眞正之賢人，決無此思想也。"

德育及體育

其他彼論德育之必要，及體育之不可忽，立論尚多，不遑枚舉。

以上所述，特就人文的教育之概要敍之耳。然當此人文主義極盛之際，與之相呼應而勃然並興之一大運動，即宗教改革之舉是也。原夫此二大運動，其直接之目的則一，即皆深憤僧道之墮落，力矯社會之腐敗是也。一時激烈之人文家，對宗教改革與以莫大之聲援，至於彼等主義相異之點果何在乎？蓋前者脫離基督教之範圍，專由人文以律吾人之生活；後者依然熱心信仰其所改革之基督教，而人文家之熱心，遠不及宗教改革家之熱心，又不能如宗教改革家之得多數國民之同情，是故人文主義之聲漸衰，獨宗教改革之業盛行矣。

人文主義之末運

第七章　新宗教的教育（一）

第一節　宗教改革與教育

宗教改革之由來

如上所述，自十字軍之役發生以來，歐洲各國間，漸次醞釀而成之新氣運，取人文主義之形，在社會之地平線上，霹靂一聲，破裂而放發一種有生氣之活動，世稱之爲“人文主義之活動”。但其活動，雖有破壞的與建設的二方面：卽一方面攻擊宗教之迷信與社會之腐敗，他方面復興文藝，鼓吹人文主義，然其及於社會教化上之效果，不過一時開其燦爛之花，轉瞬間卽凋謝矣。至於實行宗教之根本的改革，刷新人心之內部，以樹立一種基於近世的思想之新宗教之偉業，則非彼等人文主義者所可企及也。

基督教在中世紀之後半葉，非常墮落，前已再三言之矣。彼英國之威克利夫其人者，認此種宗教之不可以不改，於是盛唱宗教改革論，爲英吉利宗教改革之先驅。吾人欲知宗教改革之眞相與其及於教育之影響，不可不先就威克利夫之事略及其教理敘述之。

威克利夫

威克利夫（Wychiffe）者，紀元一三二四年生於約克。嘗爲牛津大學之教授，其大事業爲《聖書》之翻譯，至費十五年之久而後大成。彼盛唱宗教之改革，攻擊教會之腐敗，譴責僧侶之奢侈，更道破教義之背理。法皇、僧侶聞之大怒，遂免其教授之職，彼乃歸鄉里，以送其晚年，至紀元一三八四年十二月二十九日而歿。彼歿後三十一年，宗教會議斥威克利夫爲異端，燬其遺骸，而投之於河。

威克利夫之教理

威克利夫所主張改革之教理，與從來教會之所主張大異其趣，從來教會謂神與人類不能直接感通，無論祈禱與救濟，皆不可不以立於其中間之法皇及僧侶爲媒介也。然彼極力排斥此說，乃曰："信仰之標準，在於《聖書》，苟背《聖書》，縱有法皇之說，亦不足信據，人固可以直接通神，得蒙神之恩惠，決無庸媒介也。"

社會教育

彼所主張之自然的結果，乃英譯《聖書》，以資社會教化之用，並派遣傳道師於四方，俾從事於社會教化之事業。此運動，當彼歿後，遂呈頓挫之觀，當時人士，欲繼彼之志謀其所以發展之者，雖屬不少，然其大多數之人士，皆潛伏而待時機，以致一般社會依然屈服於法皇之下也。

威克利夫歿後之狀況

返觀教會之狀態則何如乎？彼法皇以如此改革之氣運，每爲其所壓迫，不致復再發現，自以爲今後可以高枕無憂矣，專恣自若，奢侈是圖，至第十五世紀與第十六世紀之交，其腐敗殆達於極點。

教會腐敗之極點

赦罪符之發賣

當此之時，法皇以放蕩淫佚，奢侈風流之結果，其財政陷於非常匱乏之境，於是屢屢發賣赦罪符，藉博信徒之資金。

勒阿（Leo）十世登法皇王位之時，欲藉整理財政、建築殿宇之名，徵集資金，按罪之大小，盛行發賣赦罪符，一般愚民，皆謂出金可以贖罪，爭先購之，甚至欲逞惡行者，先買赦罪符以爲備，賄賂公行，教門若市，當時有威典堡（Wittenberg）大學之神學教授馬丁·路德（Martin Luther）者，睹此情形，大鳴法皇之非理，以爲有背《聖書》之本旨，遂於紀元一五一七年十月三十一日，作九十五條之《檄文》，揭於威典堡寺門，極力而攻擊之。法皇大怒，斥路得爲異端，宣告破宗。

路得之宗教改革

當時法皇以爲自己有天國之鍵，凡反對法皇者，無不被其宣告破宗，雖尊如帝王，苟出以一紙宣告破宗狀，鮮不立令屈服，故當時人士，縱有奮激教會腐敗之慨，皆恐宣告破宗而甘守沈默矣。

路得之主張

獨路得則反是，彼於紀元一五〇二年十二月十日，在威典堡府宣言法皇之無道，取其宣告破宗狀與羅馬舊教之法典焚之，以示法皇之不足畏，乃曰："人雖非依賴法皇，遵從教會之儀禮，亦可以直接通神，感受神之福音，得仰救濟於神，吾人可以自由研究，自由選擇，自由行爲，决無庸受僧侶之干涉也。"

教育之改革

如此劇烈的宗教改革之舉，一時教育之業，大生阻礙，雖然宗教改革家决非忽視教育，置之不顧，彼宗教改革之唱導者，亦主張教育之改革也。

自中世紀末葉之國民教育狀態上觀之，如前所述，寺院教育蒙寺院自身腐敗之影響，設不適當之學科，用不適當之教授法，以從事兒童之教育；不僅此也，抑爲教師之僧侶，皆係不學無術之徒，惟知堅守教權，施以抑壓的機械的教育，其弊害有不可勝言者！

彼反對此寺院教育所起之市民學校，爲財政豐裕人材充足之一流市府所設立者，尚有確定之基礎，得施完全之教育；若夫小市府之學校，經費既不充足，加之職員多非市府之市民，漂流無定，決非能施完全之教育也。

國民之無教育

至於鄉村之兒童，雖欲受如此之教育，亦不可得也。當時雖有特維德爾之共同團體，欲補救此缺陷，建立學校，設計教育，然實際上，其勢力毫不存在於歐洲各國之初等教育界矣。是故當時各地之多數少年，皆不能脫無智識無教育之可憐狀態也。

路得一派之主張，如上所述，謂世人不必經教會或僧侶之媒介，惟自遵從《聖書》之所命，即可以直接通神，蒙神之恩惠者也。是以世人不可不讀《聖書》，尤不可不遵奉《聖書》，然而無智識無教育之徒，即路得所譯之平易的德語《聖書》，亦不能讀，苟欲傳神之福音於此等之人，而謀其救濟之道，則不可不先振興教育，此即路得之所以研究一切之方法，而主張兒童教育爲最重要也。

路得主張教育之必要

路得排斥獨身生活

路得本其宗教改革之宗旨，排斥宗教家之獨身生活，乃自先娶妻，組織家庭，此獨身生活之排斥，其影響及於教育上甚大。蓋自己非家庭之人，或非父母必不能教化家庭之人，而指導將來爲父母之人也。

第二節　教育家之路得

路得爲宗教改革家，亦爲教育改革家，前節已言之矣。研究教育史者，不可不就教育改革家之路得，更詳爲敍述之。

路得（Luther）者，紀元一四八三年生於德意志之愛斯列卞（Eisleben）地方一鑛夫之家，自幼卽受極嚴格之家庭教育。彼嘗自敍其家庭教育之嚴格，曰："我之父母，極欲將我化爲一怯懦者，我父母之嚴烈苛刻，遂使我生委身於宗教之志，蓋父母唯知以善意待遇我，而不知懲罰之適用否也。"

路得

家庭上之路得

路得年甫十四，其貧窮之兩親，儲蓄餘資，而遣其至麥達堡（Magdeburg）地方，入大學肄業，後因學費不繼，中途輟學，乃往愛斯納基（Eisnach）地方，托庇於親戚以爲學，每朝徘徊市街，唱讚美歌，以求食；偶有一貴婦人名哥達（Catta）者，愛路得之美聲，遂助以學資，年十八，始入歐夫（Erfurt）大學。此大學係市立，雖屬於羅馬舊教，然亦施人文的教育；彼父欲使其將來爲法律家，彼乃從父之志以自勉，先專修哲學，以作研究法律之準備。紀元一五〇五年，大學畢業之後，更入法律學校，冀以遂乃父之希望。一日，彼偶見某親戚觸電而死，因感慨人生之難恃，遂起厭世之念，突入奧古斯丁派（Augustin）之寺院爲僧，以求安心立命之道，且深究哲學，造詣頗深。

路得爲大學教授

紀元一五一一年，威典堡（Wittenberg）大學創立伊始，聘路得爲神學教授，在職二年，因宗教會議赴羅馬法皇宮庭；先是，彼未嘗有反對羅馬教會之意見，迨一至羅馬，目擊教會之腐敗情形與僧侶之墮落行爲，胸中憤慨不能自禁；歸德意志後，益堅其矯正之志，遂以赦罪符發賣爲動機，直進於宗教改革之途矣。

紀元一五二〇年，西班牙王甲列一世（Charles I）被選爲德意志皇帝，稱甲列第五。翌年，帝赴德意志，召集議會，冀先處分路得事，召喚路得，令改其信仰與學說，路得不服，曰："苟適於《聖書》之事，雖有法皇之命令與議會之決議，亦不能廢棄之。"云云。皇帝遂依多數議員之決議，執行法皇命令，處路得以死刑。幸遇撒遜侯弗勒得力（Frederick the Wise，Elector of Saxony）之救助，奪路得於途，使其避於華的堡（Wartburg）城，彼乃亡命而韜晦者一年有餘，專以德意志語翻譯《聖書》；既而出城，於紀元一五二五年娶妻，爾後繼續擔任教授之職，同時捧身從事於宗教之改革。至紀元一五四六年二月十八日而歿。

路得對於教育之影響

路得之及於教育上影響之最著者，莫若《聖

書》之翻譯及公立學校之設置論也。

路得以前，雖早有以德意志語所譯之《聖書》，然其文字艱澀，除少數學者外，殆莫之能解也。故路得殫精竭慮，冀將《聖書》譯以淺近易曉之文字，雖婦人孺子，亦使易於了解，然則路得所用以翻譯《聖書》之言語，實擯去各種之方言奇語，而成爲一種德意志之標準語也。

路得之譯《聖書》，蓋冀使一般人民皆知神之福音，浴神之恩惠也。然而彼之企望，卒屬徒勞，而無濟於實事，何者？當時學校之設備，頗不完全，且一般人民之不識字者，實佔其多數，雖路得之平易的《聖書》，亦不能讀。彼乃翻然覺悟以爲欲普及神之福音於天下，不可不先行振興教育，於是論父母對於兒童教育之責任，曰："今世之人，皆誤解奉神之方法，彼等自身雖惡食粗服，苦志勵行，然其在家庭上，實不知眞正奉神之方法，易言之：卽兒童教育之方法，毫不了解也。"又曰："世之爲父母者，與其參詣教會，祈禱禮拜，莫若注意於自己兒童教育之爲愈也。"彼乃述家庭教育之方法，曰："爲父母者，使兒童養成一種粗暴大膽之勇氣，固爲不可，然使兒童陷於膽小如鼷進趨畏怯者，亦不可也。當兒童幼稚之時，若一養成怯懦畏縮之習慣，雖成人之後，亦不能矯正也。幼時在兩親之側常有畏色之兒童，其終身多風聲鶴唳，草木皆兵之感，習與性成，難以變化，不可不慎也。故父母對於幼稚之兒童，不可不常取適當之方法，善爲教訓之，然世人往往以

兒童教育爲父母之責任

家庭教育之方法

幼稚之兒童爲無智者，不堪於教訓，此誤謬之尤者也！彼無智之禽獸，吾人尚能教之，使其服從吾人之命令；彼無知之木石，吾人尚能用之，以建築家屋，況靈於禽獸草木之幼稚兒童乎？”路得始終以此意見警覺當世之爲父母者，使以眞正之愛教育兒童，勿失之嚴，便生恐怖之情；勿流於寬，而溺於姑息之愛斯可矣。

公共學校設置論

紀元一五二四年，路得倡導公共學校設置論，上書於政府，曰：“大凡社會之盛衰，繫於教育之良否，國家之貧富，繫於兒童之智愚，然而舉世之人，毫不之務，其故安在？夫神固使世之爲父母者，各教育其子女，而彼爲父母者，皆不奉神命，而溺其天職，咎將誰歸？然而貧窶之父母，力不能教育其子女，是以國家有擔負兒童教育之責任也。”彼之意，以爲兒童教育，係父母與國家之義務，而人之初生，即禀有被教育之權利也。自彼之教育說觀之：兒童之在學校，不僅授以普通之教育而已，抑不可不兼授以特殊之教育，即如男子受商業教育，女子受家政教育之類是也。其教授之方法，從自然之法則以施行之，先授以事物之智識，而教其名辭，且學校教育之基礎，必須在於宗教，故學校之學科目，使宗教居於重要之地位。彼曰：“基督教之人民，至九歲或十歲，即不可不知神聖之福音書，其次，則爲言語科，而尤以古語教授爲必要，使養成其理解國語與解釋《聖書》及神學之力；彼又尊重實科的材料，以爲神之全智全能及其大慈悲，可由其製造物之認識

路得之特殊教育論

宗教教授

實科的材料之採用

而了解之也；彼又謂歷史中所記載學者之高尚的理論，聖賢之尊嚴的訓誡，皆有以示吾人一種之實例與事業，於教育上有莫大之效果，尤不可不注重也。其他如修辭學、數學、博物學、體操、音樂等，亦皆以爲必要之學科。

第三節　路得之協力者

路得與弗勒得力

路得倡宗教改革以來，天下耳目，集於路得一身，撒遜侯弗勒得力嘗陰庇路得欲乘機於其領地內，實行改革；又有米蘭可多（Philip Melanchton）者，亦爲熱心協助路得者之一人也。

路得與米蘭可多

路得爲人，大膽而果斷，氣力旺盛，感情的人也；然米蘭可多則反是，溫厚而沈實，心地和平，冷靜的人也。二人之性質雖大相反，然互相親愛，互相協助，以共圖事業；且兩人之性質，常互相調和，互相砥礪，米蘭可多之溫恭，可以抑制路得之激烈；而路得之勇敢，可以刺戟米蘭可多之冷靜也。路得當著作之時，米蘭可多之宏博的學識，尤與有力焉。若是者，二人相依相助，一致進行，則宗教改革之事業，自不難著著進於成功之域矣。

米蘭可多

米蘭可多（Melancehton）者，德意志人，生於紀元一四九七年。原名曰黑土（Schwarzerd），米蘭可多，其希臘語也，彼嘗受業於哈德堡大學，年甫

米蘭可多之學力

十四，耶拉斯麥評之曰：“米蘭可多之將來，實吾人所不能逆料也。彼年雖少，然其希臘語、拉丁語之熟達，令人稱贊不置！其理解之迅速，立論之純正，記憶之强固，皆拔萃超羣也。其他精神之高尚莊嚴，行爲之溫良恭儉，無一不爲吾人所感服。”彼畢業哈德堡大學後，再赴透並根（Tübingen）地方，在某親戚指導之下，黽勉求學。紀元一五一四年，彼年十七，爲透並根大學之教授，講演古典；一五一八年，爲威典堡大學所聘，擔任神學、倫理學、拉丁、希臘古文學諸科之教授。彼以教授的天才，立於教壇，施卓絕之教授，對於子弟，非常親切，學業之外，對於社會百事，皆極注意。後進之士自歐洲各國聞風而至其門下親炙者，凡二千有餘人。至紀元一五六〇年而歿。

米蘭可多之成績

米蘭可多及於教育上之成績，在於教科書之編纂。彼年十八，即著有希臘語之《辭典》，其文法之定義，曰：“文法者，求精密造辭及作文之學科也。”彼之定義，至今日，世界學者，殆未敢修訂之也。後十年，彼又發刊拉丁語之《辭與》一書，是書自出版後，百餘年間，爲唯一之教科書，竟達四十一版，其書之價值，可想而知矣。彼又著關於論理、倫理、修辭諸學之教科書，並刊關於宗教上種種之著作。

文法之定義

拉丁語辭典之發刊

關於學制上之計畫

其次，爲吾人所注意者，在於學制上之計畫。彼之撒遜學制案，爲德意志全國同程度之學校所採用者也。撮其要旨，約有三端如下。

一，學校上學科不宜過多，語學以拉丁語爲限。

二，書籍不宜濫用。

三，兒童至少分爲三學級。

彼對於此三學級所分配之學科如下：

第一學級，使習拉丁語之讀法、書法，且須記憶多數之言語，並課以音樂、唱歌諸科。

第二學級，使講讀平易之古典，且使修拉丁文法，並課以音樂、宗教諸科。

第三學級，更授以高等之古典，完結其拉丁文法，並授以修辭、辯論、音樂諸科。

第四節　宗教改革之影響

瑞士之宗教改革

路得宗教改革之舉，猶一種之導火線，使從來輾轉醞釀而成之宗教改革的新氣運，到處勃發；其運動之活潑，以瑞士爲最，瑞士宗教改革之運動，爲芝溫黎所創者也。

芝溫黎

芝溫黎（Zwingli）者，瑞士人，紀元一四八四年生於一富農之家。初修文法、倫理，兼研究希臘、拉丁之文學，繼又修神學，後爲村落之牧師，凡十有二年。紀元一五一八年，被選爲蘇黎世（Zürich）寺院之牧師。

芝溫黎亦慨教會之腐敗

芝溫黎夙以當時基督教有違《聖書》之本旨爲慨，大有改革其教會腐敗之志；及接得路得之宣言，乃極力贊其說，遂出而反抗教會，唱導自己所主張之新教。

當時政府乃召芝溫黎，使彼與監督之代理者討論教義，彼之論旨，多含眞理，遂認其爲適合於《聖書》之本義，由是彼從事於宗教改革之運動，毫無窒礙矣。

新舊兩派之戰爭

紀元一五三一年，瑞士新舊兩派之戰起，彼爲宣撫者，從軍出陣，負傷而歸，舊教徒乘隙而來，加刃於彼之頸，迫其改變己說，彼終不聽，斷然拒之，遂爲舊教徒所刺殺。臨死時，猶曰："肉體雖死，精神不朽。"時紀元一五三一年也。

彼自謂余非由路得而學基督教，乃由神之語而學基督教者也。故其改革之主張，與路得有許多反對之處，然彼二人注意於教育之改善則一也。

教育之改善

教育家之芝溫黎

彼爲蘇黎世之牧師時，以自宅爲塾舍，集多數少年，施行教育，發表種種有益於教育之意見。

芝溫黎之學說

彼以爲教育之目的，在使人十分認識神明，以養成信仰心與道德心也；而信仰心之養成，務使十分理解《聖書》，考究教義，且須實行祈禱也；道德心之養成，務使發達克己、從順、正義、忍耐諸德，且須實行愛國家，順從父母之道也。

芝溫黎之外，與之並駕齊驅，而從事於宗教改革者，卽甲爾文是也。

甲爾文

甲爾文（Calvin）者，法蘭西人，生於紀元一五〇九年。自幼就學於巴黎，遂入巴黎大學，專修神學；父爲監督之書記，其後因與監督有隙，乃使甲爾文棄神學而改修法律，父歿後，又復從事於宗教之研究。及新教傳入巴黎，彼亦乘機主張宗教改革，後因新教迫害大起，彼遁出巴黎赴巴塞流（Basel），在該地發刊《組織神學》第一版。自是周遊各國，欲宣傳其主義，遂達日內瓦（Geneva）矣。

彼爲日內瓦市民所强留，遂止其地，對於市政，非常盡力。彼以爲公私僧俗之生活，不可不悉爲福音之精神所統一；且彼又主張以在地球上起一神國爲教義之綱領，盛唱宗教改革與教化改良，然彼之所設施，過於嚴格，容易招怨，故頗多反對之者，紀元一五三八年，遂爲反對者所放逐。甲爾文去後，日內瓦之教化，頓形衰頽，國勢不振，市民復招甲爾文，甲爾文堅辭不就，市民再三懇求，乃許之，遂返日內瓦，或演說，或說教，或教授，或取締教會，或發刊著作，及其他種種有益事業，無一不爲市民之教化而設施，至紀元一五六四年卒於該地。

甲爾文唱導宗教改革

彼天性嚴慤，說教時，常持莊重之態度，一言不苟，注意於道德心之養成。

甲爾文之性行

彼於教育上則注重國民教育，在日內瓦創辦初等學校，力爲獎勵，因而甲爾文新教所行之地，比之路得新教所行之地，其國民教育，更爲發達也。

甲爾文與國民教育

如上所述，自路得唱導宗教改革以來，即引起芝溫黎及甲爾文二人各唱一種之宗教改革，自是法蘭西、和蘭、英吉利等國間，新舊兩派教徒之爭論紛起，鼎沸一時；然教育上，則因之除卻許多弊端，而得謀其所以發達改善之良策，吾人不可不注意也。彼

新舊兩派相爭與教育

德意志之諾爾痕堡（Nurnberg）、佛郎渡（Frankfurt）、翰堡（Hamburg）、白來梅（Brebmen）等地方，首先創設學校；爾後，其他各國諸地方，亦皆仿行，即英吉利有名之伊敦（Eton）、赫羅（Harrow）兩學校，亦爲當時之產物。由此觀之，則可知宗教改革之影響及於教育者，誠非淺鮮也！

第五節　新教之教育實際家

德意志皇帝之多事

德意志皇帝甲列五世，自宣告路得死刑而嚴禁新教以後，未幾，因本國西班牙有事，遂不得不歸國；爾後，或對法蘭西興兵，或在意大利與法皇爭權勢，軍事旁午，不遑兼顧德意志政事。當是時也，土耳其屢侵德意志之邊境，因而國內之舊教徒對新教徒之爭，不得不暫息；而德意志宗教改革之運動，遂乘間而起，日益扶植其勢力矣。

新教徒扶植勢力

新教之實際教育家

彼等新教徒介紹路得之主張，而從事於實際教育者，不僅以新教精神之根本的培養爲布教之最確實的方法，且以此大有貢獻於人類社會也，故熱心新教徒之間，有許多之優越的實際教育家，先後輩出，就中最著名者，即突祿成多福、司打麻、尼安多羅諸人是也。

突祿成多福

突祿成多福（Trotzendorf）者，德意志人，生於紀元一四九〇年，其名初爲弗勒特蘭德（Friedland），後以生地突祿成多福著名，自幼受路得與米蘭可多之影響，紀元一五一四年，進入來比錫（Leipzig）大學肄業，專修希臘語、拉丁語，業成之後，歸鄉里擔任教職；紀元一五一八年，辭職，再進威典堡大學，師事米蘭可多，五年有餘，服膺於米蘭可多之學識及其教授法之傑出，業成之後，又復從事於實際教育。紀元一五三一年，遂被聘爲峨爾貝（Goldberg）文科中學校長，在職實有三十五年之久。至紀元一五六六年而歿。

突祿成多福之學說

突祿成多福常祖述米蘭可多之意見，以畏神敬神爲教育之要務，學校爲教會之附屬品，對學校之學生，施以將來爲神學生之預備教育，即以養成能爲教會盡力之人爲教育之目的也。是故彼之學校，以宗教教授爲中心之學科，其他算術、天文學、音樂等，雖亦列爲學科，然特注重於古典之研究，其學校之學生，無論何時何地，須一律用拉丁語。

學校與教會

教科目

管理

彼於管理上，有非常之權力，其對於學生甚爲嚴厲也。彼嘗謂凡學生須受同一之待遇，苟有過失，當輒加嚴罰，不容寬貸，若貴族或年長者以受如此之嚴罰爲一種之恥辱，則當早自避過，或離去學校，二者不可不任擇其一也。

然而彼又喜與學生互相談話，藉以啟發其智能，彼嘗由其所管理之學生中，選出十二人，組織議會，自爲議長，使司校內之立法行政，學生有過失時，即率之於委員之前，施行嚴格之審判以矯正之，此外命學生執行各種之任務，使考核其勤惰，調查其品行，冀收教育之效果，此等委員之學生，皆有莫大之名譽，執行任務，於教育上有非常之激刺；彼又使上級生教授下級生，以獲教育上之經驗。

彼對於學生之體育，亦甚注意。

要之，彼於管理上，最能調和恩威，使得其平，學生敬畏之如嚴父，親愛之如慈母，故彼教化之影響甚大也。

司打麻

司打麻（Sturm）者，德意志人，生於紀元一五〇七年。夙肄業於德意志各地之學校，後遊學巴黎。紀元一五三〇年，爲巴黎大學之希臘語教授，居七年，調任新設之士多拉堡（Strassburg）文科中學校長，在職四十五年，以實際教育家之名聞於天下。彼所定之學科課程，爲當時諸學校之模範；歐洲各地之教育家，爭趨而聽其講演者甚衆。彼歿於紀元一五八九年。

司打麻之學說

司打麻在學校中，常以厲行米蘭可多之精神爲務。彼關於教育之學說，不外乎信仰智識及辯論而已。

教育之目的及其方法

即以鞏固信仰心，豐富智識，長於辯論爲教育之目的也。彼欲達此教育之目的，立種種之方法，舉其大要：或說自觀察移於理解之必要，或說須以舊觀念類化新觀念，或說學術聯絡之必要，皆爲吾人所可注意者也。

教材

學科中彼以拉丁語、希臘語爲最重要之學科，蓋彼與突祿成多福同一主張，使學生常用拉丁語，不許用本國語。其他宗教、音樂、修辭、論理等，雖亦列爲重要之學科，然彼以本國語、歷史、數學、博物等生活上必需之學科，付諸等閒，未免爲其一大缺點也。

學校與家庭

彼關於學校與家庭之意見，大有可採之處，彼以爲學校須待家庭之輔助，苟二者間之意見不疏通，斷難收教育之效果，故爲父者，在學校上發見自己兒童之受賞或被罰，不可不表示滿足之意，而在學校方面，亦不可不實行適當之賞罰，若失於殘酷之教師，卽須排斥之，不服校規之兒童，則須命其退學，若家庭與學校間之意志，不能一致，決不足以使兒童生順從之風。彼嘗論家庭上父母之責任，曰："父母當兒童在家庭之時，不可不代教師施行教育。"然入學校後，彼則主張使學生住寄宿舍，以便施嚴格之監督，使服從共同之規律。

體育

彼關於體育，使學生學習劍術、游泳、狩獵諸技，又以拉丁語練習、舞蹈及其他種種之遊戲。

司打麻學說之價值

司打麻之教育說，雖不無許多之缺點，然以當時歐洲各國之子弟，爭先輻輳於彼之學校一事觀之：則司打麻教育法之卓越，已可想見矣。

米蘭可多門下之俊秀子弟，除上述二人外，尚有尼安多羅一人，亦爲當時之教育實際家，其聲譽亦頗著。

尼安多羅

尼安多羅（Neander）者，德意志人，生於紀元一五二五年。父業商賈，家道淸貧，不能修學，自幼承習父業，父以乘馬一事爲商業旅行所必要，屢使其練習馬術，其所乘之馬甚强悍，彼乘而墮者再，其父欲鍛鍊其意志計，乃易以更悍之馬，彼又墮而折其左臂，父至此，知彼之不宜於業商，遂送入寺院；後游學於威典堡大學，受路得與米蘭可多之教授，業成之後，歷任各地教職，紀元一五五〇年，聘爲伊爾匪地（Ilfeld）宗教學校之管理者。至紀元一五九五年而歿。

尼安多羅之手腕

尼安多羅任事之初，此校學生僅有十二人，及任九年之後，學生增至四十人，米蘭可多呼此校爲“國中最良之宗教學校”，校勢擴張，教務整飭，實呈模範學校之觀焉。

尼安多羅主張實科教授之必要

曾受彼之薰陶而進入大學者，皆有十分素養，足以壓倒同輩，彼不僅爲當時精通希臘語、拉丁語學者之一人，且深於醫學及化學者也。於是彼反抗當時教育上之潮流，力認地理、歷史及其他自然科學爲必要之學科，此即彼注目於米蘭可多所定教科之實科的方面之結果，爲吾人最可注意者也。

尼安多羅之言語教授法

彼又編纂拉丁語、希臘語之傑作的教科書，大博其名。彼曰：“凡言語者，其規則以短簡而且進步的爲最貴，可使隨時記憶之，且須記憶其重要之單語，單句，或全文也。”

新教教育之弊

總之，路得、米蘭可多諸人倡導宗教改革以來，其門下俊秀之徒，相踵而起，以致德意志各地學校之教師及大學之教授，皆盛行遵奉此新教的教育主義，竭力而鼓吹之。由是學校之建設，學制之實行，靡然普及全國，惜乎彼等之教育，卒拘泥於希臘語、拉丁語語學之研究，而不求內容之理解，偏重古語，而陷於形式的言語教授之弊矣。

第八章　新宗教的教育（二）

第一節　厄斯伊達派之崛起

路得樹立宗教改革之旗幟以來，四方響應，新教勢力，滔滔乎風靡天下，有不可遏抑之勢。當是時也，彼舊教徒之態度爲何如乎？夫舊教徒，從來支配歐洲人之宗教道德，已千餘年矣，豈能袖手傍觀，任新教徒之自由行動哉？故未幾，彼舊教徒，生一大反動，忽然復興，冀增進加特力教之利益，以與新教相頡頏。此舊教徒，卽爲厄斯伊達（Jesuits）派，此派之運動，世稱之爲“厄斯伊達派之崛起”。若輩旣以反抗新教之勢力，挽回舊教之衰運爲目的，故其教徒，皆能苦志勵行，專心壹意，以布教傳道爲唯一之重大任務，而此派教徒，又以爲宗教心之根本的培養，莫若從事於教育事業也。於是彼等遂在教育史上占一地位焉。　厄斯伊達派之崛起

厄斯伊達派爲羅約拉所首創，吾當先敘述羅約拉之爲人。

羅約拉（Loyola）者，西班牙人，生於紀元一四　羅約拉

九一年。家世貴族，夙供軍職；一日臨陣，負重傷而入病院，及稍痊，欲借小說以消遣，徧覓不得，偶有友人贈以基督傳及二三熱心教徒之傳，彼乃反復玩誦，不肯釋手，遂使彼戰場勇士，一變而爲宗教上之偉人。

羅約拉既爲熱心基督教徒，未幾，病愈退院，巡禮四方；或近赴羅馬詣法皇宮，仰瞻其偉觀；或遠往巴力斯坦（Palestine）弔十字軍之古跡。後歸故鄉，其信仰益堅，欲爲宗教而犧牲一身之念，日益旺盛；然而彼素無學業之修養，因自覺欲實現其理想，非從學問著手不爲功，乃不揣其晚學，毅然負笈，而游學於四方，紀元一五二九年，入巴黎大學，熱心潛修哲學、神學諸科，受嚴密之試驗而及第；紀元一五三四年畢業，時年四十有四。

羅約拉之學生生活

彼未爲學生之時，已持有宗教上一種見解，嚴行克己，屢沈思默想，故其言行往往逸出於常軌，因之招禍，被捕投獄者凡二次；然其志益堅，毫無畏懼，遂於學校畢業之年，反抗當時勢力强盛之新教，而發起厄斯伊達一派。紀元一五四〇年，得法皇巴爾三世（Paul Ⅲ）之許可，公然組織團體，自爲第一世教長，至紀元一五五六年而歿。

羅約拉之團體

如上所述，羅約拉及其教徒咸以教育爲布教傳道之最良手段，頗熱心從事教育，故自羅約拉蒙法皇與以立教開宗之許可以來，僅閱六十星霜，而在此派管理下之有力學校，已達二百餘所，一時極爲隆盛。爾後彼等力排種種妨害與抵抗，日益扶植其勢力；至紀元一七一〇年時，遂有六百餘所之中學與二十餘所之大學，舉全歐洲舊教教會之學校，悉入此派之掌握中矣。

厄斯伊達派成功之原因

彼等所以能得如此之成功者，其原因在於彼等不獨爲宗教家而賴宗教之力而已，且兼爲教育家而長於教育之術也。蓋彼等之爲學校教師，皆爲優秀卓越者，其教授法之巧妙，甚爲著名，能使立於反對地位之新教教育家，亦讚賞不置也。新教徒之中，甚至遣其子弟入此派學校而受其教育者，頗不乏人。

然此派教育之所以至此者，非彼等胸中具有高尚之理論也。考彼等實無理論之著作遺於後世，而彼等在教育史上得有如許價值者，非理論的成績，乃實際的成績也。吾人不可不就彼等實際的方面之蹤跡而討究之。

第二節　厄斯伊達派教育之狀況

厄斯伊達派之教育上組織

厄斯伊達派之教育上組織，爲教長亞苦維法（Aquaviva）時所定。亞苦維法於紀元一五八四年，由歐洲各國之厄斯伊達教徒中選出委員若干名，召集於羅馬，約經一年間之研究與評議，始制定《教育法令》。此法令後更經多次之討究，遂於紀元一五九九年公布，爾後永爲厄斯伊達派之教育典據焉。

厄斯伊達派教育之狀況

試據此《法令》以觀其教育之狀況：此派學校，分爲初等科、高等科二部，但模範狹小之學校，僅設初等科一部；初等科更分爲五學級，高等科分爲二學級，初等科教授希臘語、拉丁語，即第一級授初步文法，第二級授中等文法，第三級授高等文法，第四級授文學，第五級授修辭學。初等科以十歲入學，初級至第四級各一年，最後一級則二年，共以六年爲修業期限；在此六年間，須經嚴格之試驗，始許畢業，若無留級事情發生，則至十六歲可以畢業；畢業後，欲更修高等之學業者，可再入高等科；第一級授論理、物理、哲學諸科，修業期限二年；第二級授神學，修業期限四年。其教授之方法，以暗誦爲第一義，且各級中又各分爲二組，其較優等之組，則賜之劍，以示尊重；凡待遇優等生，最重名譽獎勵，畢業時，名列優等者，則用莊嚴儀式，授以賞品及名譽之地位。

訓育

在訓育上，則注重人格感化，謂教育家宜先自修德性，然後以其人格與行爲感化學生，學生縱犯過失，宜常以十分之寬容待之，使漸自知悔改。論者謂彼等在懲罰上如此寬容，惟其動機欲以得將來所養成人物之摯厚的同情，以圖該派之隆盛耳；然當此體罰盛行之際，彼等能卓然取如此訓育之方法，要爲吾人所當特加注意者也。

懲罰之寬容

養護

至養護方面，彼等以爲身體與精神，皆爲神所創造，二者須並重，欲發達精神，同時不可不養護身體也；例如授業，一定時間內不可授以多量，時間亦不宜過多，睡眠時間，須使之無過不及，食後一二時間內，不許作事，運動則使習乘馬、游泳諸技，休業日則率全體學生往郊外旅行。

茲就此一派之教育，略批評之如下。

厄斯伊達派之批評厄斯伊達派教育之缺點

彼厄斯伊達派之教育，雖極一時之盛，然頗惹當時及後來多數學者之注意，並蒙種種之批評矣。蓋彼等之教育，如上所述，其目的在於布教傳道，其教育法雖極巧妙，然就其教育之根本上觀之，未嘗無缺點也。彼等關於學生之獨立的精神；或使之爲眞理而愛眞理；或創先人未創之業，以貢獻於公共社會；或爲國家社會養成一種之人材等種種事業，毫未計及也，因此彼等對於理解判斷等心的作用之陶冶，皆付諸等閑，徒取注入的方法，使學生强記暗誦，又使其於口筆之上，巧弄拉丁語，無論神學與哲學，一唯教師之意見是從，或誦，或講，謂若能養成從順舊教之教義，對此一派而有强烈的熱情之人物，則教育之目的於是乎達矣。吾人批評彼等教育之根本上不免無缺點者，卽以此也。不寧惟是，抑彼所取之教育方法，亦徒以挑發競爭心，鼓勵名譽心爲尚，常時對於學生，說優勝者之榮譽，劣敗者之恥辱，盛行授與賞品、賞典、稱號之類，藉以激刺學生之精神；或使學生互相抑制，以告發暴露同學之罪惡爲事，遂致使學生於由自己之善行而受賞以外，同時屢陷友於罪惡，以圖一己之私益也。

至於懲罰，彼等雖以寬大爲主義，然論其實際，彼等多不躬自施行，常使教徒外之校役，門衛等代行之，其弊不可勝言！且使學生僅爲寄宿舍之生活，不欲其感受世俗惡習，故絕不與世俗交通；甚至斷絕家庭與學校之聯絡，使學生不能蒙父母之親愛，可謂不自然之至矣。

世人每稱厄斯伊達派，多本於人之偶然的事情以施教育，而置家世之貴賤貧富於不顧；彼等亦自曰："教育者，不可因貴賤貧富而異其待遇，蓋吾人皆爲亞當之子孫，基督之教徒，一律平等生於此世者也。"此種思想，未嘗不是，然論其實際，竟有大謬不然者，彼等對於小學教育，全付諸等閑，僅致力於貴族富豪之教養，致使下級人民全陷於無智之境，豈非矛盾之甚乎？史家謂此實彼等出於維持己派之信仰，擴張己派之權力之一種利己心也，斯言誠然！

以上所述，僅就此派教育之種種缺點言之耳，然此派教育之優點，亦復不少，述之如下。

厄斯伊達派教育之優點

彼等能依一定主義，排抗一切迫害，忍耐一切堅苦，不顧自己之利害，願粉身碎骨，以爲信仰求奮進，論其教育方法，雖不完全，然其教科之教材，每取其足以養成種種各方面之智識者，或借演劇遠足等，冀增寄宿舍之興味；或特別致力於體育，諸如此類，皆頗足以博公平的學者之稱贊也。倍根（Bacon）曰："關於少年之教授，須以厄斯伊達派之學校爲模範，吾人不能有更優勝於彼方法也。"倍氏此言，決非過譽也。

後之厄斯伊達派之教育

厄斯伊達派之教育，雖行之甚久，然後來其勢力漸次讓於其後勃興之新教育，因厄斯伊達派之教育方法，實屬於舊式，已失其爲吾人所注目之價值矣。

第三節　耶塞派之運動（一）

耶塞教

當厄斯伊達奉加特力教之教旨，以軍隊的組織、束縛的方法，宣傳其保守的教義之後，又有耶塞教之反對起。耶塞教者，主張仍行遵奉奧古士丁之教理者也，是教爲耶塞所首創，故有此名；又此派運動之中心，在巴黎附近之波達郎也爾（Port Royal），故或稱之爲波達郎也爾派。

耶塞

耶塞（Jansen）者，和蘭人，生於紀元一五八五年，歿於一六三八年，爲里昂（Lyon）大學之神學教授，又教會之監督也。

耶塞之主義

耶塞嚴守奧古士丁之教理，力攻厄斯伊達派之非，冀圖恢復昔日之清淨的生活，而力求所以堅強世人之信仰心。在形式的方面，雖偏於禁欲主義，然其實質的方面頗爲進步的，在舊教寺院恰呈有實現新教思想之觀焉。

其後此派反對厄斯伊達派之勢，日益強盛，攻擊彼等之腐敗，不稍留餘地，致使厄斯伊達派憤不能忍，遂訴於法皇，以耶塞派爲異端，禁止其布教，於是耶塞派遂移至和蘭，而隱隱傳布其教焉。

教育上之事業

耶塞派雖由是不能收其布教之功，然其教育上之事業，則大有可觀者。

教育法

試觀耶塞派之教育法，與厄斯伊達派大異其趣。彼則重悟性之陶冶，此則重感情之陶冶；彼則動輒注目於利益，有使道德陷於腐敗之傾向，此則大尊重良心，有貢獻於名教維持之功效。

教授法

此派在教授法上，注重實物教授，對於幼稚之兒童，力謀其感官之發達，彼等常樹教授之原理，曰："兒童之智識，常隸屬於感覺，故吾人不可不使兒童訴於聽覺及視覺等之感官，以謀其精神之發達，此卽爲一種實物教授之法則，經後世斐司塔洛齊、福祿培諸人所盛行採用，而爲近世教育上之一最可注意的特徵也。"

實物教授

波達郎也爾之教育家，當實地教授兒童之際，力避煩瑣之方法，取簡易而且愉快之手段，堅守由已知以及未知之原則；言語之教授，先近世語而後古語，先本國語而後外國語，不徒事强記，而以發達判斷力爲主；又能圖授業與遊戲之聯絡，當天氣晴朗之日，教師率學生逍遙於郊外，且遊且教，使發達其智識，同時又施以人格的感化，而不特煩瑣之訓誡，苛酷之懲罰，以達其訓育之目的焉。

耶塞派之優點

波達郎也爾之教育家，非若厄斯伊達派之但求速效，以表示於社會，逞其勢力於一時，而必以誠實之心志從事於教育，以善良之方法教化兒童，期其成功於永久也。彼等學校之中，僅收容少數之學生，以免注意不周到之虞，卽波達郎也爾之附屬學校，一時不教授六名以上之學生，一年間所收之學生，不過百名，其人數一端，未可與厄斯伊達派之三萬學生同日而語也。但彼等之最著缺點，在於墨守性惡之說，彼等教育家之意見，與荀子之說相似，曰："若以人性爲善，甚屬危險，何者？因謂人性本善，終不免與兒童以過分之自由，致有陷於放蕩邪僻之患，故吾人不可不以人性爲惡，而從事於教育也。"此種意見之結果，遂陷於極端之厭世主義，動輒抑制學生利害榮辱之心，必使成爲枯木死灰而後已。

耶塞派之缺點

此派之教育家中，其最著名者，即勿那倫是也。

勿那倫（Feneln）者，法蘭西人，紀元一六五一年生於布利戈德（Périgord），家世貴族，幼時體質孱弱，康健失常，然才能拔羣，年十五歲時，即負笈離故鄉，入巴黎大學，夙夜勤學，卒以成業。後爲教會所設立之女子學院長，得婆佛（Beauvais）侯及其夫人之知遇，於紀元一六八七年，應侯爵夫人等之求，爲侯爵家之女子著《女子教育論》一書，大爲當時學者所推許。至三十歲時，由侯爵推薦爲路易十四世王孫不爾艮（Burgundy）之傅；時王孫年七歲，已具種種惡性，勿那倫以至誠之心教育之，卒使素性殘虐之王孫一變而有從順之德，且能以其理性之命令，抑制自己惡行，勿那倫由是名振全國矣。

勿那倫

當時素性殘虐的王孫之教育

紀元一六九五年，勿那倫爲大監督後，因有唱異說之嫌疑爲法皇所譴責，免其王孫教育之任；然彼此時力持謙讓之態度，以自抑其不平之心，唯日

勿那倫爲大監督

事研究學術，或與二三知友相往還，以送其晚年而已。至紀元一七一五年而歿。

勿那倫之學說教授

勿那倫之教育學說，以爲兒童之教育須以有組織之注意爲第一要義，故飲食須正其規則，睡眠、運動須定其時刻，教授以愉快而有趣味爲主，須常利用遊戲以佐之。凡教學生以事物之名，必先提示其事物；教言語必先使生其觀念，且始終守其由近及遠之原則，例如教授地理、歷史，必先自兒童周圍之地方始，次及本國，次及外國；又教授時，可利用兒童之好奇心以增進其智識，若令兒童强記其所未能理解之事物，則大不可也。

德育

道德則以童話、寓言、實例等爲訓練材料，務使兒童常以眞實告人，養成其胸襟坦白之性情，懲罰尚輕，不宜繁苛，否則，易使養成匿過之習慣；又施行懲罰時，苟非絕大過失，務宜嚴守祕密，以養其廉恥。

勿那倫之《女子教育論》

吾當更進而述勿那倫之《女子教育論》。彼之《女子教育論》，大旨謂女子爲組織社會半部之分子，其教育之良楛，大有關係於社會之盛衰，決不可以等閑視之也。世人往往以爲女子有教育，易養成浮薄虛飾之風，然而此種非難，祇可以對於一般教女子以無益之學術，徒增其虛榮心之病的教育者而發，非對於能使女子爲賢妻良母而善治家政之教育而言也。夫女子之智慮，本劣於男子，身體亦較男子爲弱，故女子不堪於政治、法律、布教傳道及其他男子所爲之一切重大的事業也。惟其巽弱之故，吾人尤不可不以女子教育爲要圖，彼乃曰："女子天資雖巽弱，豈可因其巽弱而遂放任之乎？蓋巽弱者，吾人尤須爲之講求其强壯之道，且女子之本務，原在於組織人世之基礎。易言之，家道之興衰，一惟女子之强弱是繫，家庭庶務之整飭，人生日事之調劑，無一不唯女子之力是賴，然則女子之正直、勤勉，而敬虔者，實家庭之根本精神也，抑亦現世人類繁榮幸福之基礎也。"

女子之本務

女子之關係於家庭社會既如此，則女子教育之必要，固無待言。勿那倫氏之意，謂女子苟無教育，則其志極易變動，感物妄想，動輒爲好奇心驅入邪路，或好作奇談快說，或般樂怠敖以費時失業，種種淫驕放恣，其弊不可勝言！彼乃曰："人類之惡德，實由妄托兒童於愚蠢邪僻之女子之所生也。"因欲使社會免如此之危險，故始終力唱女子教育之必要。彼所定女子教育之學科，以讀書、習字、文法、歷史、宗教爲主；時又加以詩歌、演說諸科，但此等學科，以不傷婦德爲限。

女子教育之必要

如上所述，勿那倫雖熱心主張女子教育之必要，然使女子研究學術之蘊奧，則非彼之志也。彼又以音樂爲使人違悖正道之毒物，不願使女子習之。要之，勿那倫之教育說，其缺點雖尚多，然在中世時代，亦可謂之有價值之學說矣。

第四節　耶塞派之運動（二）

耶塞派在布教上，雖甚爲厄斯伊達派所妨害，然其主義頗不易撲滅，除勿那倫之外，尚有羅蘭一人，亦爲熱心信奉耶塞派之教育家，述之如下。

羅蘭

羅蘭（Rollin）者，法蘭西人，紀元一六六一年生於巴黎。父爲刀匠，彼幼習父業，偶有一僧識羅爾之奇才，以其湮沒於市井爲可惜，乃給以學資，送入學校；彼以好學之熱忱，善發揮其天才，卒能大成其學業，遂一躍被選爲巴黎大學長，名振一時。至紀元一七〇五年而歿。

《學問論》

羅蘭所著之《學問論》一書，頗博當時學者之稱譽，然其內容，未必係彼一家之獨創，不過集古來所流傳教育上之思想巧爲敍述之而已；然彼以豐富之實際的經驗，能化陳腐之說，爲饒有趣味之論，其貢獻於學界，厥功豈淺鮮哉！

羅蘭之學說

教育之目的

羅蘭之學說，大旨謂教育之目的，非在使學生習拉丁或希臘之古語，非在使練習雅言韻文，亦非在强使暗記歷史之事實與年代也。以上諸事，不過教育上之一種手段耳，若論其目的，則別有所在，其目的維何？曰："使學生崇愛學術，自求進步，明智識之利益與價值，以養成其服從上帝，親愛同胞，而能黽勉從事於種種職業之眞正的基督教徒而已。"

教育之方法

羅蘭巴頗重於基督教的道德，謂教育之目的，在於養成眞正的基督教徒也，是故教師不可不先有敬神之心，然後由此而陶冶其學生之宗教心。其教科以《聖書》爲第一；言語教授，雖以拉丁語希臘語爲土，然亦同於耶塞之土義，以法蘭西語之教授爲必要。此等教科之教授方法，大抵爲讀書、習字、文法三端；而於拉丁語之教授，則特別課以書、寫、談話之法；其他歷史、地理、物理學、天文學、哲學等，彼皆列爲必要之教科；就中歷史與哲學二科，乃彼特重之以爲修身科的教科者，此其排列教科之特色也。

羅蘭與庫因崎良

要之，羅蘭之教育意見，關於高等教育者，多出於彼自己之經驗，頗有可採之處；然關於初等教育者，彼則毫無經驗，不過紹述羅馬教育家庫因崎良之學說而已。彼之教育論，雖有一顧之價值，然細考之：尚未可以與勿那倫之教育論同日而語也。

羅蘭之女子教育論

試觀羅蘭之女子教育論，常謂男女雖異，而其精神則一也。故彼主張男女須受同等之教育，然彼亦與勿那倫有相同之主張，謂女子無須受高等教育，故女子所受之學科，算術以四則爲限；綴字不必求深，當時一般所用之拉丁語，除保姆寡婦之外，概不教授；至戲曲悲曲等書，頗多危險，尤非女子所宜讀；卽音樂一科，亦易使女子陷於安逸之境，皆非徒無益，而且有害也。

第五節 敬虔主義之教育

敬虔主義

敬虔主義（Pietismus）（或譯信念主義）者，爲德意志新教教會欲革新精神的生活之一派所主張也。蓋新教勃興以來，爲日既久，弊竇叢生，其最甚者，如新教之宗教，全以純粹之智識爲主，而忽視情操，又尊重虛冷之形式，捨教義之精神，而徒取其皮相等類。識者有慨乎此，憤然思以革新之，恰似當年法國耶塞派之慨厄斯伊達派之弊，起而反抗之事；今則德國亦有所謂敬虔主義者，發現於德意志新教教會之中矣。此主義之首唱者，即斯賓尼是也。

新教之弊害

耶塞派與敬虔主義

斯賓尼

斯賓尼（Spener）者，德意志人，生於紀元一六三五年，彼素受宗教的教育，故其宗教的意識，自幼已發達，年十七，入士多拉堡（Strassburg）大學，研究神學，彼之研究神學，非獨以神學爲一種之學術，抑欲由神學以修養其信仰心也。彼常遵守宗教之嚴規以爲生活，年二十九，被選爲士多拉堡之牧師，爾後，在各地從事布教，至紀元一七〇五年，歿於柏林。

敬虔主義者之主張

彼路得之新教，頗注重智識，故其結果，唯求宗教上之合理的說明，或偏重於純粹的形式，至於人心之感化，殆未之顧也。然敬虔主義則不然，能訴於靈性而得健全之信仰，懺悔罪過，祈禱救濟，獻其溫厚之愛情以奉基督教，以體基督之精神，而行其敬虔於博愛焉。

以宗教上之精神現於教育界者，即此敬虔主義之教育家是也。其教育之一般傾向，非若新教教育家之不置其教育目的於未來也。彼等常使兒童具有將來生活之準備，同時暢發其敬神之信念，以涵養其德性也。

敬虔主義之教育家

此派興自第十七世紀之後半葉，延及第十八世紀之前半葉，頗極一時之盛，無論在宗教上或教育上，皆占有非常之勢力。在此時期內，此派之最有名的教育家，即弗蘭克是也

弗蘭克

弗蘭克（Franke）者，德意志人，紀元一六六三年生於盧卑庫（Lubeck），年甫十三，入額達（Gotna）之文科中學，尋而進入歐夫（Erfurt）大學，後就學於幾爾（Kiel）、翰堡（Hamburg）、來比錫（Leipzig）諸大學，研究希伯來語兼他國語，且修論理學、哲學、神學；學成之後，遂爲來比錫大學之私教授（Prival Docent）講演《聖書》。時方紀元一六八四年也。彼之教授法，係自出機杼，獨成一家，故大博聽講者之歡迎，然而爲他教授所嫉妬，致不得不辭職；彼乃至歐夫大學，又爲人所排斥，紀元一六九二年，嚇列（Halley）大學聘彼爲教授，至此始得其所安，在職凡三十年，始終體認敬虔主義以從事教育。

貧民學校之設立

弗蘭克生平深憐貧民失學之苦，紀元一六九五

年，耶穌復活祭日，彼募得十馬克（Mark）餘之慈善金，乃曰：“此即發起大事業之基本金也，我將以此設立貧民學校矣!”彼乃以如火之熱心，與高尚之信仰，集數貧兒而教育之，卒成有名之嚇列學校，爾後，其所經營之嚇列學校，著著發展，成績斐然。

弗蘭克學校之實況

在弗蘭克病歿之當年，即紀元一七二七年時，據弗勒得力。維廉一世（Frederick Williäm Ⅰ）所徵之報告，其學校之實況如下：

一，家塾（Pedagogium）（即上流子弟之教育所）有學生八十二人。

二，中學（即拉丁學校）有學生四百人。

三，小學有男女學生一千七百二十五人。

四，孤兒院有男學生一百人，女學生三十四人。

此外尚有收集多數之貧兒以教育之者。以上所舉之各種學生，與學校內藥店、書店、印刷所等所使用之人員，合計共有三千二百人。此學校自創立以來，畢業學生，已達十餘萬人云。

弗蘭克事業上應注意之點

弗蘭克之事業中，爲吾人所最可注意者：第一，爲教師之養成也。蓋彼因資本缺乏，不能多聘教師，故由神學生中選拔有志願者，使之從事於教育；同時設立教師養成所（或稱教育研究所），造成將來爲宣教師者之資格。凡願入教育研究所者，須先立誓，畢業後，願在此校服務三年，始准其入學，修業期限二年。

師範學校之濫觴

此教育研究所，在今日觀之；雖不甚完備，然就現今之教育系統上觀之：實爲後世師範學校之濫觴也。第二，爲樹立實科學校之基礎也。當時德意志全國，一般以古語古文學爲主，若所謂文科中學者，非常發達，然弗蘭克以此爲不適於實際的生活之教育，乃主張特設專授近世語及其他近世的學術技藝之學校；此等學校，卽爲近世德意志教育制度中與文科中學校（Gymnasium）相並而行之一種有力的實科中學校（Real-gymnasium）之基礎也。

實科學校之基礎

吾當就弗蘭克之教育學說，略敍述之如下。

弗蘭克之學說

教育之目的

弗蘭克以爲教育之目的，在使人爲敬虔而有智識，且常順從神意以營其生活之基督教徒也。所謂敬虔者，基督教的信仰之謂也，惟有此信仰之人，始得爲善良之人；所謂智識者，能沒卻自己而體認神之意志，然後由神之意志，而十分遂行其職業的生活之謂也。

彼之教育目的，已包含信仰與智識之二要素，然則信仰之養成果何如耶？彼以爲信仰者，可由教師父母等之模範，基督教教義之講解，及其他種種之訓育而養成也。且信仰心之養成爲最重要之事，苟人無健全之信仰心。則其智識，其才能，及其他一切教育之結果，適足爲其長傲遂非之具，縱兒童非盡爲不德，然彼等生來皆帶有不德之根性，苟欲從彼等本性上謀根本的改善，則信仰之養成爲最重要之事矣。故彼主張兒童極幼稚之時，卽須養成其健全的信仰，然而彼之思想，後爲門人所誤解，專以宗教教授上之禮拜、祈禱、訓誡爲主，致陷於徒尚形式的教育，而精神的方面遂忽而不傳；且徒知力求剷滅兒童之不德的種子，屢以殘酷之訓育加諸兒

弗蘭克門人之誤解

童，致大有害於兒童之自然發育矣。彼又以爲智識者，體認神之意志，處事接物之基礎也，故無論從宗教的方面，或實利的方面觀之：不可不使謀智識之發達也。彼因是將當時所勃興之實利主義的思想施於實際教育之上，可謂大發揮近世教育之特色矣。

智識之發達

尼買伊爾

敬虔主義之弗蘭克學校，不久亦釀成種種弊害，漸形衰頹；然自紀元一七九八年尼買伊爾（Niemeyer）監督此校以來，更刷新其事業，改變其面目，校勢爲之一振焉。

第九章　實利的教育（一）

第一節　法蘭西之實利主義（一）

人文的教育及新宗教的教育之弊

文義復興後，無何，又有宗教改革之舉，歐洲一般社會，頓一新其面目，所謂近世的思潮者，往來出入於多數學者之腦際，因之教育亦蒙偉大之影響，而大施其改革，前已縷述之矣。然細考之：彼人文的教育也，新宗教的教育也，無非爲排斥從來之中世的、寺院的教育起見，其所注意者，僅限於教育目的之理想的方面，至於現實的方面，全等閒視之也。不寧惟是，此等教育，不久亦釀成種種之弊，驅世之兒童，僅使其暗誦古語之文法，玩弄古典之文章，而記憶其神學與哲學，一惟注入的教育是事；然就當時社會之狀態上觀之：例如新大陸之發見，地動說之唱導，及其他種種發明事件，層見疊出，在教育上，固當應時勢之要求，使兒童啟發其日常必需之科學的智識，而鍛鍊其能力，養成其理解判斷之力也。然而彼唱人文的教育及新宗教的教育者，殊不以此爲務，其爲害豈可勝言哉？

教育改革家之勃興

故世之有識之學者，頗有慊於此舊教育，而羣起謀所以改革之，就中最著名之教育改革家，即法蘭西之拉卑列及蒙泰尼二氏是也。

拉卑列

拉卑列（Rabelaia）者，法蘭西人，生於紀元一四八三年，歿於一五五三年。彼一生視家庭如傳舍，自幼投身於宗教，後爲法郎西斯（Francis）派之牧師。

然彼極好希臘、羅馬之古典，嗜讀其他各種書籍，彼爲學之勤篤，與才氣之絕倫，卻爲招忌致禍之原因。且其思想，又傾於人文主義，與世俗不相容，大爲時人所怨恨，被禁錮於一室者久之。後歸於庇尼忒（Benedict）派，然未幾，遂與此等宗派完全斷絕關係焉。

拉卑列之學說

加爾剛丘與攸得蒙

破懦克拉底

彼以豐富之想像與創見，嘗作一寓言小說，描寫一人物名加爾剛丘（Gargantua）者，而寓其意於此人物之教育歷史中。初加爾剛丘薰陶於煩瑣學風（Scholastisch）之形式主義（Formalismus）教育者，凡二十餘年。後與一曾受近世的新教育名攸得蒙（Eduemen）者相遇，加爾剛丘固習於昔日機械的注入的方法所施受之舊教育者，故其性情鄙陋，舉止蹇澀，一見攸得蒙之恂恂自若，博聞多識，謙光下逮，豪邁凌人之氣概，不禁赧顏自愧，蹙蹙然手足靡所措，遂以帽掩面而退。加爾剛丘經此大辱後，深痛舊教育之害，乃請其父往託於攸得蒙之師破懦克拉底（Ponocrates）之門而學焉。

破懦克拉底氏乃攜加爾剛丘入巴黎，以從事於新教育，破氏以爲凡事物之改良，切不可專求速效，於是先則熟察加爾剛丘之性資與其惡癖，然後徐徐施其矯正之法焉。拉卑列書此小說至此，蓋所以明教授法研究之必要也。 教授法研究之必要

拉卑列更進而說教授上養護之必要：其小說所記曰："破懦克拉底乃命加爾剛丘於每日課餘，練習網球、足球、乘馬、角力、游泳諸技；且教之遵守盥沐等事之一切衛生法。" 養護之必要

拉卑列以爲養護者，不特强壯其身體已也；同時又須活潑其精神而强大其活動焉。故其小說中，又述加爾剛丘每朝四時起牀，卽使讀各種書籍，其在食堂上，則與之談麪包、水、鹽等之性質與作用，以增進其實際上之種種新智識；卽在玩弄骨牌等類遊戲之時間內，亦時教以算術上之智識，並使之自有所發明。

試觀拉卑列之教育意見：其所教授之智識範圍，頗爲廣大，彼亦與一般之人文學者同然主張尊重古文學，而以不解希臘語爲學者之恥；其他如希伯來語、拉丁語，亦在所必要。且現今之世，印刷術非常發達，價廉而製精之書，不啻汗牛充棟，博學宏詞之士，優秀拔羣之教育家，又充滿於天下，規模宏大之圖書館，到處設立，斯豈非爲學者千載一時之好機會哉？故當利用此好機會，使學生於古文學之上，更須修自然科學也。觀其小說之中，有加爾剛丘遺其子巴德格爾羅（Pantagruel）一書，其略曰："余願汝精通自然界之一切智識，凡關於河海江 教授之材料

湖中之一切魚類，飛翔空中之一切鳥類，森林田圃中之一切草木，東洋南洋各地所發見之一切寶石，山中地中所掘藏之一切鑛物等智識，皆願汝悉心學習焉；而使余得見汝成爲一無所不知無所不能之人才也。”拉卑列之如此意見，雖未必盡能實行，然亦可見其極重科學的智識之精神矣。

道德教育

拉卑列之道德教育意見，可於上述之加爾剛丘書中窺見其一斑，其略曰：“聖人瑣羅門（Solomon）不云乎？‘智慧不宿於惡人之心，無良心之智識，必致滅靈魂。’故汝當善奉神而愛之畏之，且汝之思想及希望，皆當獻之於神，須當親近神，切不可因自有罪而遠之也。汝又當去世俗之謬誤，心勿逐逐於虛榮。蓋人世無常，而神訓不變，勉之戒之！善助爾鄰！善愛爾同類！敬尊爾師！慎毋與惡人交！以承上帝錫福，而銘感勿忘也！”

拉卑列爲教育改革家之巨擘

拉卑列之學說，既如上所述，吾人當稱拉卑列爲實利主義之先鋒矣。論者或曰：“拉卑列固以發達人之智識道德爲教育之目的，彼仍不免爲人文主義者之一人也。彼雖偶然論及百科全書的廣大該博之智識爲重要，然亦不過反對當時流於煩瑣之文法家，及專講形式主義之學校教師，徒使學生擔負非實用的死智識之重荷而已。”然以余觀之，此即彼之所以爲實利主義的教育家之先鋒者也。總之：以拉卑列爲教育改革家之巨擘者，實不可易之評論也。

第二節　法蘭西之實利主義（二）

拉卑列與蒙泰尼之比較

拉卑列之後，在教育上更猛烈主張實利主義者，即蒙泰尼是也。試將拉卑列與蒙泰尼二人比較論之：前者爲急進的而失之粗暴，後者爲保守的而過於慎重；前者冀人之一切能力平均發展，後者偏重判斷力之陶冶；前者冀盡獲世間之一切智識，後者僅注重科學上一般之智識，二人之性質及其思想，雖若是其相違，然在第十六世紀之教育史上占重要之地位則一也。惟蒙泰尼能使後世教育家如裴司塔洛齊、洛克、盧梭等，蒙其偉大之影響，其聲譽尤著焉。

蒙泰尼

蒙泰尼（Montaigne）者，法蘭西人，生於紀元一五三三年。父爲貴族，常留意於其子之教育，彼欲以家庭教育陶冶其子，使之愛眞實，富同情，而發達其道德心也。每日清晨，當其子初醒時，即奏音樂，以和緩其性情，蓋恐其醒後突受强烈之刺戟有傷神經也，其注意周到類如此。彼父又欲注意其子之修學方法，欲使其子以最少之勞力，熟練拉丁語，乃特聘一長於拉丁語之家庭教師，且傭一長於拉丁語之保姆，使之一致傅咻，朝夕相語，故蒙泰尼操拉丁語，比之操本國語，更爲純熟；六歲時，已能以流暢之拉丁語與人絮絮而談，由是闔家之人，亦相率而用拉丁語矣。

蒙泰尼六歲時，入白爾多（Bordeaux）之基安尼（Guienue）中學校。彼在此學校，使用俗語的拉丁語之機會，雖甚缺乏，然其讀書力，大形發達，居七年，遂將中學學科完全畢業，時年甫十三也。

彼修了普通學科之後，更進而研究法律，年二十一時，被選爲白爾多立法議會議員。未幾，升爲本府知事，彼自覺其性情不適於政治生活，遂辭職，退守乃父所遺之領土，力避俗事，專委身於學術之研究。但彼雖蒙其父所設施之教育，然學業未必優越，故其著作，無特別價值，彼亦不自掩其短，嘗曰："世人皆目我爲愚者，而百計嘲笑我，雖然，我未嘗介意也。蓋我原不欲對於我自不滿足之著作，負完全之責任。我之著作中，倘有可採之處，識者自採之，其不足採之處，置之可也。"云云。至紀元一五二九年❶而歿。

蒙泰尼之學說

蒙泰尼攻擊舊教育

蒙泰尼之學說，以爲教育者，發達人類固有之判斷力以涵養其德性爲主也。人若不能發展其固有之智，決不得謂之賢人。故彼主張開發的教育，大攻擊注入的教育之非，乃曰："教育若不能調和的發達人之精神，確實其判斷力，毋寧使學生從事於庭球遊技等之爲愈也。苟務此，尚得以强壯其身體也。試觀最近數十年間學校畢業生之狀態：多係舉止遲鈍，言行不嫻於禮儀，殊乏交際接談處理事務

❶ 蒙泰尼卒於一五九二年，原文誤。——編者註

之能力，因彼等在學校時所習得者，不過爲教師所注入之區區拉丁語與希臘語而已。而彼等就以此增長其自負心，自命爲當世學界俊彥，殊不知學校畢業生之責任，理應懷抱其富有善良智識之精神以歸鄉里，而啟導其後進。乃彼等不此之務，而貿貿焉自以爲智識非常膨漲矣，非常擴大矣；而不知彼等所自命者，不過斷片的智識之雜積耳，論其實用，則空虛而已，與初入學時，有何異乎？”蒙泰尼痛論當時教育目的之荒謬蓋如此。蒙氏則以爲教育之目的，非在造就該博之文法家也，非在養成熟練拉丁語之學者也，唯欲以陶鑄其處事接物，進退得宜，並能自全其天職，堅定其德性，完全發達其判斷力之士君子而已。

教育之目的

然則蒙泰尼將如何而求達此教育之目的乎？彼曰：“人世百般之技術中，最困難而最重要者，莫於教育也。欲收教育之效果，不可不在兒童極幼稚之時，卽行著手。蓋幼稚之兒童，猶黏土之柔輭而富於水分者，可以任意成形也。”又曰：“教育以十五六歲爲止，爾後，不可不使其自行活動，夫教育之事業旣如此之困難，其時間又如此之短促，更不可不冒萬死以赴其的，而冀收其效也。”蒙泰尼所採之學科，以哲學爲最重要。彼以爲哲學者，非如世人之所想像爲一種乾燥無味之學科也。吾人由哲學可以明確道德之意義，理解人生之眞相，卽彼以哲學爲講求綱紀彝倫之學科也。彼又曰：“世之學者，往往以哲學爲一種空想之學，於心身陶冶上毫無裨益

教育之方法

教育之始終

教科之選擇

蒙泰尼之尊重哲學

者，豈非荒謬之尤乎？吾想世人之所以如此蔑視哲學者，蓋由於以哲學僅供辯論之用之所致也。”觀彼所言：彼之尊重哲學，而以此爲教育時期內所不可須臾離者之意旨，可概見矣。

世之史家，皆稱蒙泰尼爲實利主義之先鋒，而爲其首唱者也。然則實利主義教育家之蒙泰尼，於哲學之外，更取何種之學科乎？曰：讀法，曰：書法，曰：算術。此等學科，自希臘、羅馬教育以迄人文主義教育，皆認爲必要者也。在此一點，彼不能獨自歧異，故亦不得不採用也。唯彼對於言語之教授，極力反對純粹的言語學上之言語，而主張教授實用上之言語也。彼以爲當時各種之學校，徒使其學生弄空漠無用之言，拘於繁雜駁難之句，而唯文法修辭之是務，殊非言語教授之本旨也。吾人苟有所欲言者，縱無如此煩雜之言語教育，亦得暢所欲言也。彼更進而言曰：“凡人不可不先使豐富其思想，思想一豐富，則言語自然因而豐富矣。世人往往謂吾胸中實蓄積許多思想，惟恨不能自由發表，豈非自欺欺人之言乎？人苟有明瞭之觀念，縱不知名詞、形容詞、主格、目的格等之煩瑣的文法修辭，亦不難發表其思想也。若夫以修辭之學修飾其句語者，不過使囫圇吞棗而不能消化其滋養分之凡俗者流，生一時之快感羨慕而已。”觀上所述：彼大排斥文法、修辭，同時又以拉丁語、希臘語爲虛飾品而蔑視之。彼本其實利主義，力說本國語之必要，而以鄰國語次之，既教授此等近世語之後，當更以幾

蒙泰尼對於言語教授之主張

何學、物理學、論理學等爲日常必要之學科也。

教授之理想

蒙泰尼之學說，既如上述。然則其教授之理想果何如耶？彼曰：吾人使學生不可不知者：例如何謂勇氣？何謂節制？何謂正義？功名心與貪慾心，服役與服從，放逸與自由等之區別若何？是也。要之：教授者，所以正學生之感官，整飭其動作，使理解人生之意義及生死之問題等一種陶冶作用也。

教授之方法

關於教授之方法，彼以爲世之從事於教授者，每視兒童之耳若漏斗，但知傾注材料爲事；又視兒童若鸚鵡，但使反復倣語其所教所聞者而已。此實現今一般學校之通病也。此種通病，吾人不可不急求破除之，欲破除此病，當使爲教師者，先審察其學生之能力，而使之對於一切事物，自行處分，自行觀察，自行玩味，自行選擇焉；然後由教師講解以曉之，實驗以示之，且不獨教師講解之、實驗之而已，必使學生自行講解，自行實驗也。昔蘇格拉底之教授法，亦先使學生自語，然後教者與之語而矯正之。此種問答法，大足爲吾人之參考也。

抑教育者之權威，往往爲被教育者之障害也。在此一點，教育家者不可不倣馬夫飼養幼馬之法，使學生自步行於教師之前，教師惟調節其能力，使適度活用之可也。雖然，所謂適度云者，亦非易事也；唯彼能會得指導兒童之天眞爛漫的舉動，而處置得宜之道者能之耳。

身體之養護

當蒙泰尼之時，中世之餘習，依然盛行，舉世莫知講究身體之養護者；而蒙泰尼乃痛斥其惡習而警覺之，曰：“教育者，非僅限於精神或身體之一方面謀其所以發達者而已，欲以養成其完全人格之謂也。奈何捨身體於不顧，而專從事於精神方面之教育也，故教育者，不可不使學生學習角力、乘馬諸技，以使其精神身體兩方面得平均的發達也。”

蒙泰尼對於訓育及懲罰之意見

至於訓育，彼以爲智識須常與道德並重，若僅教授智識，無異於使驢荷書也。夫所謂教鞭者，固所以策兒童增進其智識耳；然徒有智識而無道德，則亦死智識而已矣，有何裨益於人生乎？故智識與道德，二者當並行而勿偏重也。彼關於懲罰之意見，則以爲體罰者，斷難達訓育之目的也。卽在管理上萬不得已時，亦不可不於精神安靜之時，施行懲罰，倘教師乘一時之怒，妄行施罰，則大不可也。蓋如此懲罰，實非使兒童改過，不過圖一己之報復洩忿耳。彼曰：“凡懲罰者，救治兒童之藥劑也，苟醫師對於患病者，以忿怒狼藉之態度診治之，是直戕賊其病人也。”又曰：“教育者，總以嚴格與親切並行爲主，世之所謂教育家者，不明乎此，徒逞威嚇，使兒童惴惴畏懼，失其天然活潑之氣象，更不知有所謂溫和之手段，適切之方法，以誘導而教訓之也。嗚呼！殘酷乎！壓制乎！吾可斷言之曰：訓育如此，直破滅兒童之自然的天性，使之陷於愚魯殘廢之域而已。”其痛論當時訓育之失於苛刻也。

蒙泰尼學說之批評

蒙泰尼之教育學說，已如上所述。今更就其大體上觀之：彼以自己之境遇及其性質之結果，對於兒童之教育，有偏重溫和，使其平易獲得困難的學藝之傾向。然而世人能如彼遂平平坦坦之生活，終身處於順境者，曾有幾人？況教育兒童，固以溫和親切爲必要，而理性之養成，悟性之陶冶，亦爲重大之務；然同時又不可不使兒童忍耐勞苦，抵抗困難，養成遂行其本務之鞏固的意志也。彼之學說，此外缺點尚多，不遑枚舉，雖然，彼反對於當時之機械的注入的教育，竭力揭其弊而攻擊之，以發新教育之端緒者，其功實不可沒也。

第三節　英吉利之實利主義（一）

自路得唱導宗教改革之舉以來，歐洲各國，皆蒙其影響，新教與舊教之爭，所在皆是，其戰爭約亙三十年之久，非常劇烈，世稱之爲“三十年戰爭”（一六一八——一六四八）。在此戰爭期內，三千萬之德意志國民，竟減少一千二百萬餘人。卽以此一事觀之，則當時戰爭釀成結果之如何，可想而知之矣。　三十年戰爭

如此政治的變亂之障害及於教育者，頗爲強大，無論在理論的方面，或實際的方面，一時皆陷於非常之悲境，然則拉卑列、蒙泰尼等所唱導之實利主義，誠不易見諸實行；而拉丁語依然占勢力，就學之兒童，爲研究此枯索艱澀之語，不得不犧牲其　教育上之悲境

青春；且當時之教師，大抵無相當之資格與能力，類多身體或精神之不具者；或不能治生產而以教職聊生者；或退伍之兵士，退學之學生，零落之職工，窮無所歸而借此以糊口者也。

《教育令》之頒布

外則政治的變亂既如彼其烈，內則教育上之弊害又如此其甚，教育之前途，豈不殆哉？然而此等之變亂與弊害，自他方面觀之：卻足以醞釀教育勃興之氣運，其實際方面，遂於紀元一六一九年，威馬爾（Weimar）《公有教育令》之發布，規定自六歲至十二歲六年間爲就學年齡，而實行其强迫的教育主義。當時各國多仿德國以實施其教育法令，而以鞏固其學制之基礎焉。

教育之學理的方面

在學理的方面，亦有倍根、喇德開、夸美紐斯、密爾頓、洛克等學者先後輩出，盛唱教育之改革。吾當就此等教育改革家中先自英國之倍根、密爾頓等次第敘述之。

倍根

倍根（Bacon）者，倫敦人，生於紀元一五六一年。彼父爲女王耶利薩伯（Elizabeth）宮庭之掌璽大臣（Lord keeper of the seals）。倍根幼時，頗爲女王所寵愛。

倍根生來體質孱弱，然才智絕倫，年甫十三，受業於劍橋大學；爾後，遊學四方。王惹姆斯一世（James）時，彼爲掌璽大臣，遂升爲大法官（Lord High Chancellorships），後坐事而被禁錮，晚境甚苦。至紀元一六二六年而歿。

彼自身未嘗躬親從事於教育，又無關於教育上之傑作，唯其所唱導之研究法，其影響及於教育之學理與實際之上，誠匪淺鮮也。

倍根之研究法

倍根以爲從來學術之研究，甚不確實，皆未能發見眞理，學者徒拘泥於細微之末節，以煩瑣爲事，無足貢獻於社會進步者。吾人苟欲脫離此種弊病，不可不先改善其研究法，乃於其所著之《新論理學》（*Novum Organum*）（或稱《新方法》[*New Methods*]）中有曰："吾人者，自然之僕從也，翻譯者也，故吾人但能由觀察或實驗以認識了解其自然活動之方法及其秩序而已。"又曰："從來世人皆以世界爲概念所成，凡世界上一切有用之材料，皆唯於自己之臆揣中求之，今人若能及其所尚，而常賴實驗與觀察以研究之，則其所得之結果，決非紙上之空談，而爲事實之根柢，庶能得全物質界上之普遍法則，循是而進，不難到達於根本原理也。"云云。古來自然科學之研究，雖早已有行之者，然其研究之方法，大抵如倍根所批評：學者僅拘泥於亞里士多德所唱導之演繹法；至於就事事物物之自然現象而爲之觀察實驗焉者，殆爲彼等夢想所不及也。倍根竭力攻擊從來之學說，於是著《新論理學》一書，唱導歸納的新研究法之必要。吾人以爲倍根爲有至大之影響及於教育之學理與實際之上者，蓋以此也。

《新論理學》

《學問之進步》

彼於《新論理學》之外，又有《學問之進步》（*Advancement of Learning*）一書，是書專述其關於教育所懷抱之意見。此外尚有二三小論文，其著作之要旨，皆注重於教師自身之人格教育，曰："世

倍根之教育意見

人對於教師之人物，頗不注意。”又曰：“試觀夫園丁之種植，對於已十分發達之植物，皆置之度外，而專致力於萌芽幼稚之植物。蓋以幼稚之植物，最宜善爲保護也。”其意以爲吾人當先盡力於初等之教育，而其教師之選擇，尤不可不有十分之注意也。彼又示一例以樹選擇教師之標準，曰：“教師之資格，當以能移植自己精神上所成長之智識於學生之精神上者爲合格。”等類是也。

教授之方法

關於教授之方法，彼以爲教授者，決不可求速成，求速成，反遲鈍其精神也。又關於學生之自由企圖發展及課業完竣後，更欲學習其所好者等事，決不可加以限制也。

倍根學說之批評

要之，倍根之教育見意，雖未必爲一大創見，然其力排自然科學之死的研究法，主張自然實物之觀察與實驗，其所創歸納的研究法，實開研究自然科學新方法之先聲，遥起大陸上之喇德開、夸美紐斯輩之創設新教育，其功實不可沒也。

倍根之後，繼起者爲英吉利之教育改家革，即密爾頓是也。

密爾頓

密爾頓（Milton）者，亦倫敦人，生於紀元一六〇八年，幼習各國語，及長，受業於劍橋大學；畢業後，自立一學校，集親戚故舊之子弟，而從事於教育，施教多年，頗得教育中之興味，彼一生之教育上經驗，殆多由於此。其所著之《教育論》（*Tractate on Education*）亦於此時發刊。紀元一六三八年，彼旅行意大利、法蘭西，徧訪當代名士。一六

《教育論》

四〇年，歸英國，居官祿食，而專委身於文學之研究。一六五二年，兩眼失明，著《失樂園》（*Paradise Lost*）之傑作，遂有"盲目詩人"之名。至紀元一六七八年而歿。

密爾頓之學說

密爾頓與蒙泰尼同爲排斥當時教育一般之陷於空理，而偏重拉丁語、希臘語之弊者，以爲欲得日常必要的事物之智識，不可不教以近世語；並課以科學、音樂諸科；而體育亦不可缺。彼曰："方今之教育，偏重拉丁語、希臘語，徒使兒童虛靡光陰而已。倘能不强使兒童之空虛的頭腦，習彼讀書多年判斷老練富於觀察實驗之頭腦始能著作之詩文，則從來須費七八年之教育，期年爲之而有成矣。"密氏此論，雖不免過信學生與教師爲有偉大之修學能力與教授能力，然不可不謂之爲切中時弊對症下藥之言也。

彼又曰："方今所行之教授法，毫不遵守由易及難之原則，初時卽授以困難的論理哲學等之抽象的學科，使學力幼稚之兒童苦於理解，遂生嫌惡之心，勢必至於養成多數之廢學者也。如此廢學者之中，雖間有能窺見抽象的學理之一端首，然實用上之智識，毫無所得，終其身直一無賴之遊民而已。"

密爾頓之教育意見，則有《教育論》。彼以爲完全的教育之任務，在於使人無論處平和，處戰爭，爲私人，爲公民，無論何處皆能正然熟練以完全盡其本務也。其論教育之目的，曰："教育之目的，在於使人眞正認識神明，以贖其人類始祖之罪，本其所

教育之目的

得之智識，而求信仰心上所享受之天惠，及作成最高完全之眞實的道義心，以養成愛神，傚神，而具有神的資格之人也。”要之，密爾頓之教育目的，欲以使人知神而成其如神之資格也。所謂知神者，由學習神之造物而成；所謂如神者，由眞正之道義心與信仰心上所享受之天惠而成也。

教育之方法

密爾頓之教育意見，已如上所述。至於彼之教育方法，亦嘗發表種種之意見，然其說不以國民之一般教育爲重，而僅以上流社會之子弟即曾受多年之教育者爲對象，尚未足以引起吾人十分之注意也。

第四節　英吉利之實利主義（二）

英國之實利主義，經倍根、密爾頓之後，至洛克一出，遂成一大勢力焉。

洛克

洛克（Locke）者，紀元一六三二年八月二十九日生於英國索美塞（Sömerset）州附近之一村落。父爲法律家，並爲一清教徒中之富商，當內亂之際，曾爲國會軍之將校。洛克自幼受嚴格的家庭教育，凡十有三年。十八歲時，入清教徒所設之維斯托明斯塔學校（Westminster School）肄業，彼資質聰敏異常，在校六年，成績超羣，以優等畢業。紀元一六五二年，進入牛津之基督教教會學校（Christ Church College），初修神學；後對於自然界之實驗，頗覺有趣味，更修物理學及醫學，造詣甚深，復以優等畢業。紀元一六六五年，被任爲駐德英國公使館之書記官；翌年，歸牛津，再修自然科學。紀元一六六六年，沙弗德斯比利（Schaftesbury）伯爵訪問牛津大學時，深佩洛克之學識，遂聘爲顧問，兼擔任伯爵女子之家庭教育；爾後十四年間，在政治界與伯爵共爲進退。即紀元一六七二年，伯爵爲內閣總理大臣，彼爲其祕書；翌年，伯爵退職，彼亦從之。紀元一六七六年，爲謀身體之康健計，出遊法國；居三年，然後歸國，復與伯爵投身於政界，欲恢復其地位，然至紀元一六八二年，伯爵受基督舊教徒之窮追，逃於和蘭，翌年，彼亦赴其地。居六年，當紀元一六八八年，維利亞謨三世（Williams）即位時，復歸國。紀元一六九〇年，將自已二十年來所推考之《悟性研究》（*Essay Concerning Human Understanding*）一書付剞劂，是書爲哲學史上之名著。一六九三年，又將自已本沙弗德斯比利伯爵之家庭生活及兒童教育與友人屢次函牘討論編輯而成之《教育雜感》（*Some Thoughts Concerning Education*）一書，公之於世，是書持論雖不甚過高，然亦頗爲世人所歡迎。其後又被推薦爲通商殖民之外交長官，辭不就，彼以體質虛弱，終身不娶。自紀元一七〇〇年以來，養疴於厄塞士（Essex）地方。紀元一七〇四年，患肺病歿於該地，時年七十有三。

洛克之學說

洛克之教育學說，其根柢在於哲學，彼與大陸之合理派所主張之天賦觀念論相反，而唱說經驗論。嘗謂吾人之精神，素無先天的觀念，例如道德的觀念，實非先天的，良心者，雖人人所共有，然因人而異，人而無神之觀念者甚多，土蕃則其一例也。所謂一切觀念者，皆由經驗而生，其外面之經驗，謂之感覺，例如色、音、香、味等是；其內面之經驗，謂之反省，例如記憶、思考、疑惑等是也。若是者，認識之起源，既歸本於經驗，故教育爲人生最大之要素也。又謂兒童之精神中，無先天的固有之形，初如轜蠟，吾人可得任意而形成之。夫所謂教育者，不外乎任意形成兒童之精神與以一定之模型而已，人之務善去惡，一基於教育之良否也。如此之教育思想，詳於彼所編輯之《教育雜感》一書中。是書開宗明義第一章曰："健全之精神，宿於健全之身體。"語甚簡勁，頗足描寫人生幸福之狀態也。謂人若有心身之康健，則其他殆不足慮焉。若心身康健或缺其一，則其他之一切學問經驗，亦何用之有？蓋本醫學上之見解，以身體之養護爲教育之基礎，由是而立關於養護之種種學說也。

教育之必要

洛克之養護論

彼既有豐富之醫學智識，則其養護論自與普通教育家所主張者有異。茲摘其要旨：曰："兒童宜常遊散於廣大之場，呼吸新鮮空氣，作活潑之運動，睡眠宜充足，食物宜淡泊，勿飲酒，勿服藥，衣服宜寬舒，勿使緊縛其體，不論寒暑，不可戴冠，又宜跣足，必不得已時，亦須擇靴底之薄者穿之，時屆隆冬，亦不可近火，但可曝於日光。"彼乃制定關於兒童之飲食、睡眠、運動、衣服等之種種法則。例如睡眠之法則，早起，早寢，每日睡眠以八小時爲度之類是也。此等法則之中，雖不免有爲輓近科學者所排斥之處，然其大部分施之於實際教育者，大有裨益也。

精神之健全

彼謀兒童身體之健全，同時又謀其精神之健全，但精神之健全，須由德之完成而得，德之完成，非經種種方面之教育不爲功。彼以爲兒童幼稚時代所受之初期教育，不外乎道德教育而已。在積極的方面，以禮儀作法養成廉恥、名譽、謙遜諸美德；在消極的方面，抑壓其忿怒心與虛榮心，勿使生求安居飽食之念，並養成其克己制欲服從理性之習慣。

道德教育

道德教育之方法

洛克反對體罰

彼以爲道德教育之方法，或利用宗教，或鼓舞兒童之名譽心，苟施之得當，均無不可。但爲教師者，宜以慈愛爲旨，懲罰不可過嚴，抑壓不可過度，世人往往欲速收懲罰之效果，屢以體罰加於兒童，決非教育方法上之得策也。蓋體罰者，不特足以引起兒童但求肉體的快樂而避肉體的苦痛之念，且有使其生奴隸的執拗的怯懦的精神之危險，故體罰者，非必不得已，決不可用也。所謂必不得已者，果何所指耶？曰：即認定兒童爲有主我的傾向强盛之結果所生之反抗觀念之時也。在此時，教育者，若失之姑息，貽害無窮焉。然而當施行體罰之際，必先詳察其行爲動機之所在，苟動機不惡，則喻之以理而矯正之可也。世人往往謂幼稚者，不可以理喻，殊不知吾人苟有適合於彼等智識之言辭明白曉喻之，則彼等斷無不解之理，況教育家宜以身作則，務躬行實踐以爲之薰化乎？

德之完成功利主義

彼已以德之完成爲教育之要道，故以純粹的智識教授爲不甚重要。然彼爲當世主張“功利主義”（Utilitarianism）之一人，故彼所主張之智識教授，其目的不在養成文學者或理學者，而在使人立於社會上自營其生活，自置其財產，自遂其職業，以全其人類及市民之本務而已。要之，彼以智識之教授，爲養成立於實際社會上能實際活動之有德的紳士之方法。故學科亦宜以實用爲主，例如讀書、習字、圖畫、地理、歷史、數學、自然哲學等科是也。言語之教授，先本國語而後外國語，外國語先法蘭西而後拉丁語，不特因日常交際而有易習之利，且於發音上，亦可免日後種種之困難故也。從來拉丁語之教授，甚屬誤謬，亦宜以實用爲旨，當如教授近世語之由談話的方法入手也。若以拉丁語作文、演說、作詩歌之類，則斷非吾人所敢贊同也。且詩歌尤爲放縱遊蕩之媒，苟吾人不欲使兒童陷於放縱遊蕩而浪費其時間與財產者，決不可使兒童成爲詩人也。其他對於當時一般所行文法規則之注入，古典之强記，無不極力反對也。

教授之目的

洛克排斥詩人

洛克學說之批評

綜上所述，洛克之學說實含有許多眞理，其貢獻於教育改革上者甚大，此吾人所十分承認也。然被之教育上之理想，僅欲以養成完全之紳士，仍不免陷於當時忽視社會的方面之通病，誠令人不無遺憾也。彼既陷於此病，故唯主張家庭教育之利，而播揚學校教育之弊而攻擊之，亦爲識者所不取也。彼

洛克攻擊學校教育

之言曰："人若使兒童入學校，其所得不償其所失，蓋兒童在學校中所得之利益，不過能習應對周旋之禮，養成其大膽不敵之精神，或爲互相競爭所驅使，養成敏捷活潑之動作而已。至其弊端，則不可勝數，如傳染病之爲患，惡習慣之習染，在在皆足以戕賊其德性，墮落其行爲。凡昔家庭生活上所有之純粹天性與道德，悉爲其不確不實之智識所排斥；其所養成之大膽，適夾帶粗暴與無恥而並進；是其所學者，唯爲好事爲陰謀爲狂暴的教訓；而其所得者，唯與野鄙兒童相交相染所獲卑陋無恥之惡習，或與粗暴羣兒相遊相伍所得詐僞爭鬬之詭巧而已。學校之爲害，不誠大哉？"洛氏此論，吾人未嘗不心許也。然而在今日文明發達之社會，若必如洛氏之所主張，盡使學齡兒童蟄居家庭間而教育之，則非吾人所敢贊同也。康德有言曰："論家庭教育，其所收之效果，不足以償其所消費之時間與勞力。是則從經濟方面觀之：學校教育之利，固有勝於家庭教育也；即從智育體育兩方面觀之：學校教育之利，尤非家庭教育之所能及也。"然則吾人以學校教育之排斥爲洛氏學說上之一大缺點，亦無不可也。此外洛氏頗忽視審美的感情之陶冶，此又其缺點之一端歟！

第五節　北歐洲之實利主義（一）

北歐洲之實利主義

英吉利之實利主義盛行唱導以來，同時在北歐洲有承拉卑列、蒙泰尼二人之後，出而竭力鼓吹實利主義者，即喇德開及夸美紐斯二人是也。迪得斯（Dittes）之批評喇德開，有曰："喇德開者，非偉大之教授術家，又未嘗從事於實際教授也。彼由活潑的運動所獲得之聲譽，實能籠絡第十七世紀之學者，然其身尚未死而聲譽已衰；即沒後，在歷史上所獲之令評，至今亦幾不保矣。"云云。然而喇德開之在教育史上尚未可以輕輕看過也。爰述二氏之事如下。

喇德開在教育史上之地位

喇德開

喇德開（Ratke）者，紀元一五七一年生於德意志之痾斯丁（Holstein）。初肄業於羅斯託克（Rostock）之大學，研究路得派神學，後復遊學各地，然彼在紀元一六一〇年以前之生活狀況，世人皆不得其詳。一六一〇年，彼初赴佛郎渡（Frankfurt），冀設立學校，以實行自己所發明之新教授法。一六一二年，該地適有德意志選舉侯之集會，彼即以自己之主張，向各諸侯遊說。其言曰："凡國家寺院，須皆一致從根本上改善言語教授，以謀增進國家寺院與國民之福祉。"又曰"吾人眼中所存之物，無他，唯有神之名譽，國民一般之利益，可

喇德開之學說

愛的少年之福祉，德意志國民及全耶穌教國民之名譽而已。”於是彼又陳說其希臘語、拉丁語等之速成教授法，及其他關於教育教授上許多改善之意見。諸侯聞其言，多贊成者，願出補助金，以成其計書。

喇德開事業之失敗

紀元一六一四年，彼在澳斯堡（Angsburg）地方，應宗教家教育家之請求，以其新教育法從事於學校之經營，然卒無效果。蓋彼雖揚言有新教育法之發明，然未嘗見其有何等之具體的表示，每遭人窮詰，不能切實解答，且妄加誹謗於其反對派，由是時人漸生疑竇，遂目彼爲一詐僞者。

彼雖經此之失敗，然當時有熱心國民教育之加丹（Kothen）之魯鐸維（Ludovige）侯者，聘其試行教育法，彼遂於紀元一六一八年入加丹，經營新設立之六學級學校，然其手腕依然無所施技，仍不見有何等功效，反與同事不睦，遂坐侮辱之罪而被禁錮，尋赦免，紀元一六二〇年，赴馬達堡（Magdeburg）更欲盡力於學校事業，又復遭失敗。究其失敗之原因，約有三端：（1）彼之能力非校長之器；（2）直言無諱；（3）三十年戰爭之影響是也。彼經此再三失敗後，頗鬱鬱不得志，遂患半身不遂之病，至紀元一六五三年而歿。

喇德開學說之批評

彼在實際教育上，雖屢遭失敗，然在學理的方面，頗多可採之處，實開後世教授法進步之先河也。但其學說，非有系統的組織，故吾人姑就苦克（Quick）所撮之各要點，敘述之如下，俾窺喇德開學說之一斑：

一，教授宜從自然之順序及進行，自然者，常自簡單至於複雜，自卑劣至於高尚而進者也。

二，教授一時僅可授一種學術，若一時授以多數之事物，無異於雜入各種肉類於一器，同時烹飪，其所得者，決不能善良也。

三，凡已教授之事項，須使再三復習。

四，凡事物不可强記，卽一切事物之法則，及其他一般之概念，不可以命令使之信服，强迫使之記憶也。如盲從教權，墨守習慣等事，皆大不可也。凡事物之原由，須使十分理解，得有正確之智識斯可矣。

五，一切教授，不可不統一，例如言語教授，尤不可不取一樣之形式而統一之，使兒童容易理解；假令教授文法，無論德意志語之文法，或希臘語之文法，當視其言語之性質，取同一之方法而教授之，則學者自能分曉言語之差異，並可補助悟性之作用。

六，教授須先提示事物之形體，然後授以關於此事物之智識。

七，一切事物，宜從實驗及歸納而教授之。

八，教授不可有强迫之態度，卽宜以溫和的方法教授之，決不可施行體罰。彼以爲教授苟得其法而善行指導者，雖無懲罰，亦不難奏教授之效果；若教授不得其法，而濫用體罰，適足以暴露自己之無能力耳。夫道德的陶冶，固有不可不用懲罰之處，然亦不宜以教師自身直接行之，須將懲罰之事，委託於監督者，而已則專以溫情從事於教授可也。

以上苦克所舉諸端之外，喇德開之意見尚有三端，不可不爲紹介者，敘述如下：

九，敬神爲教育之要義，教育家不可不鼓舞兒童之敬神心。

十，教授以本國語爲主，外國語以餘力及之。

十一，男子既有男教育家而指導，而女子亦應在女教育家指導之下，使各受其善良之訓練也。

第六節　北歐洲之實利主義（二）

喇德開之後，繼起而唱導實利主義者，即夸美紐斯是也。

夸美紐斯

夸美紐斯（Comenius）者，在紀元一五九二年三月二十八日生於澳大利之摩拉維亞（Moravia）之尼尼都（Nivnitz）村落。父名馬典（Martin），母名安奈（Anna），以水車磨粉爲業，亦熱心之新教徒也。夸美紐斯十歲即失怙，未幾，又失恃，後爲叔母所養育，家庭如此不幸，故幼年失學，即當時通行之拉丁語，亦直至十六歲時，始得研究，然彼天性聰敏異常，一經學習，即能融會貫通。其後遊學四方，入海爾波龍(Herborn)及哈德堡(Heidelburg)兩大學，修神學、哲學，畢業後，遂充柏列魯(Prerau)之摩拉維亞派學校教師，時方紀元一六一四年也。居五年，至一六一八年，轉任福爾納克（Fulneck）之學校長而兼牧師之職，此卽彼生平中最得意之時代也。然未幾三十年戰爭起，其地之新教徒戰敗，紀元一六二一年，福爾納克全爲西班牙軍隊所蹂躪，彼之書稿、家財亦損失無遺，妻子又相繼而歿。彼一身以不信奉舊教故，遂被放逐於國外焉。

喪亂後，流離四方，後投身於波蘭之黎撒（Lissa），充昔日爲摩拉維亞所設立之文科中學校長。

紀元一六三一年，著《語學入門》一書。此書一出，大博教育界之稱贊，由是彼之聲名，忽洋溢於四方，各國爭相延聘，瑞典欲聘其從事於學校之改革，彼僅寄贈著作，辭不就。紀元一六四一年，又爲英國國會所聘，囑託其改良學校事業，彼以自己之意見大有可行之象，遂許之；赴倫敦，不幸適遭愛蘭變亂，彼之計畫卒無所獻效。法蘭西聞彼將離英，欲招之去，彼亦辭不就。紀元一六四二年，由荷蘭富豪基爾（Geer）紹介，至瑞典，得宰相阿參斯底奈（Oxenstierna）之信任，托其改革教育；前後七年間，專從事編纂瑞與國學校之教科書。

紀元一六四八年，歸黎撒，尋至匈牙利，欲經營學校事業，事不果行，居四年，復歸黎撒，會瑞典與波蘭失和，黎撒爲兵燹所罹，彼復喪其家財，彼遂流寓於四方矣。

和蘭富豪基爾之子，視彼若父，極表好意，招彼至其家，彼由是專以教授學生及訂正著書爲事，始得享和平生活之樂。至紀元一六七〇年十一月十五日而歿，時年八十歲也。

彼之著作甚多，舉其主要者如下。　夸美紐斯之著作

（一）《語學入門》（*Janna Linguarum Reserata*），在紀元一六三一年出版，係本教授法之原理而編成之拉丁語教科書也。此爲讀本之嚆矢，厥後譯本甚多，不獨歐洲各國有譯者，即東方諸國亦有譯以土耳其語、亞剌伯語、波斯語、蒙古語，而爲拉丁語教科書者，其價值之高，可想見矣。　《語學入門》

（二）《大教授論》（*Didactic Magna*），係研究倍根、喇德開之著述，更參以自己意見而著成者。至紀元一六五七年，始全部告成，世稱此爲教育學書之權輿。　《大教授論》

（三）《世界圖解》（*Orbis Seusualium Pictus*），在紀元一六五八年發刊，爲插畫教科書之濫觴，內容共有一百五十一頁之繪畫，每授課時，先示以事物之繪畫，其下記有拉丁語、德意志語，並有拉丁語與德意志語之對照，使兒童一一訴之於感官，以獲得其正確之智識也。　《世界圖解》

夸美紐斯者，承拉卑列、蒙泰尼二人之後，而熱心主張實利主義也；雖然，彼實不知拉卑列、蒙泰尼二人也。蓋彼之思想，直接紹述費維斯（Vives）（一四九二——一五四〇）、倍根、喇德開等之學說，更參以自己之意見而發展之也。

夸美紐斯之學說，以爲人之初稟生於母胎內時，無形體，無理性，唯一團之肉塊耳。未幾，有形體，有初等之感覺，既生之後，視官聽官，漸漸活動，悟性作用，漸漸開始，然後能區別事物，馴　夸美紐斯之學說　人生之三段階

致於意志發達，乃有取捨選擇之作用，以指揮吾人之行爲。彼以爲人生之一切現象，可分段階而觀察之，謂人生有三種之住所：曰母胎，曰地球，曰天國是也。母胎爲最初等之住所，在此住所，人唯有運動與感覺而已；迨入地球之生活，則於運動與感覺之外，更加以理性；至最後之天國，始達完全滿足之境，即第一住所之生活，爲身體離母胎而入地球營生活之準備也；第二住所之生活，爲理性離身體而入天國營永久的生活之準備也；一入第三住所之生活，始得完全滿足，始得與神共享永久之幸福也。由彼之說：吾人終局之目的，在達於天國而與神共享永久之幸福也。現在生活，無非爲實現將來目的所整理之一切準備也；如欲整理此準備，須開發智識，以辨別道理；實踐道理，以支配自己與萬物；信仰宗教，以克肖天神而代表天神之全智全能也。人之生也，本稟有智識、道德、宗教之種子，而具有擴充此種子之能力（與孟子之四端說相似），然欲擴充至於其極，必不可不先發達其種子，而其種子之發達，雖由身體之成長與社會之交際相並而進，然欲其有十分之發達，非藉教育之力不爲功，易言之：唯教育，始可以使其種子有十分之發達也，教育之目的在此，教育之所以爲人世所必要亦在此。教育之目的，既在謀吾人天賦固有的智識、道德、宗教等種子之發達，則欲達此目的，不可不於少年時代，從其自然之法則以教育之，其理由約有數端如下。

一，人生之初期，意思甚不確定，易爲感情所移動，致入邪路，靡光陰，卒至於不可恢復。　教育之時期

二，學問不能終身求之，爲學之道，以活用爲主，幼而不學，則失其活用學問之時間。

三，有機物之性質，當其輭弱時，易於矯揉檃揺，一至强硬，則有抵抗力發生，遂不能改變其原形矣。

四，神之所以賦人以少年時代者，無非造成“人的品性”（Menschen wüdae），故欲完成人之所以爲人，不可不於少年時代教育之。

五，少年時代所獲得之智識習慣，能永久確定不移。

六，不與“母乳”（Muttermilch），同時付以“健全的生活上之規律”（Gesunde Lebensregeln），日後不免有陷於惡習之虞。

如上所舉諸端，彼之所以主張教育以少年時代爲最當，已知其梗概矣。然則其教育之方法爲何如乎？爰敍述之如下。

夸美紐斯以爲教授之要，在於依自然之法則，應兒童之端正發達，使平均完全發達其一切能力也。故教授之材料，亦不可不觀察兒童之個性，擇其有價值而且易於理解者教之。一定時間內，不可授以多量之材料，亦不可授以多種之材料，苟非必要者，須省略之，教授之順序，須由易入難，例如兒童心理之發達，先以感覺，次以記憶，最後則以理解力及判斷力之類。其在教授時，須先使兒童觀察實物，然　教育之方法

後以言語表示之，或先示實例，詳爲說明之後，再授以事物之理法，使之應用練習；且須使兒童常事復習簡練，則其所學之事項，自能明確記憶。凡一切教授，須以兒童活動爲本位，不可專事注入的教授，徒使學生默聽教師之講解，宜使之自行觀察，自行考究，以活動其固有之能力也。

夸美紐斯所示之各種法則，無一非本於自然之觀察與研究而得者。彼曰："凡百技術，除模倣自然外，無所施其法也。教育兒童之教師與醫師，同爲模仿自然之技術家，而非創造自然者也。自然者，人生活動之一部大教科書也，苟非依據實物之教授，皆不能使人有眞正之理解，吾盍不棄彼紙墨所造之死教科書，而用此萬象森羅之活教科書乎？"吾當就彼所示之二種教育原則敘述之如下。

教育之原則

一，自然之發育，以適時爲原則。如鳥之孵卵，必於春季，以其氣候溫和適於養育也。教育亦然，少年爲一生之春，朝爲一日之春，故教育必於少年，教授必於清晨。

二，自然界以先集材料後附形式爲原則。如鳥之營巢，必先集其材料，是其一例也。教育亦然，教授時，宜先準備教材，提示實例，使學生有十分之理解，然後講演之，例如言語之教授，宜先文章而後文法之類。

三，自然界以選擇適當材料爲原則。教育亦然，教師所教授之材料，宜以適於兒童精神爲主。

四，自然界以有條理爲原則。如鳥之身體，先骨而後有脈之類。教育亦然，教授兒童，須條分縷析，循序漸進，一事未了，不可教以他事。

五，自然之作用，皆由內部發端。教育亦然，教授時，宜使學生先明事物，然後使之熟練言語與手之作用。

六，自然界事物之構成，必由一般而進於特殊。如鳥類之發生，先全般而後各個之類。教育亦然，教授時，宜先授概略，然後依次及於精密，所謂“圓周的方法”是也。

七，自然界以循序而進爲原則。徵諸雞雛之飛，即可知矣。教育亦然，宜依預定之時間，順次教授，不可躐等。

八，自然界以始終一貫爲原則。教育亦然，不可使學生半途輟學，亦不可使教授有間斷進行。

九，自然界以排除障礙爲原則。教育亦然，宜使學生避妨害之物，遠不良之友。

以上諸原則：本於鳥類之生活的狀態而定者也。

一，僅一太陽，而其利能及於萬物。教育亦然，學生雖有多級，而教師僅以一人足矣。

二，太陽唯以一種之光，普照萬物。教育亦然，學生雖有多數，而教科書僅以一種足矣。

三，太陽同時能使草木或發芽，或成幹，或開花，或結實。教育亦然，教師在教場上，宜施以平均之教育。

四，太陽有同一之順序。教育亦然，凡學藝宜以同一之方法而教授之。

五，太陽之發育萬物，悉由其種子。教育亦然，宜從簡單的基礎而教授之。

六，太陽使同時俱存之事物，共同發生，例如幹與葉之類是也。教育亦然，凡結合之事項，宜結合而教授之。

七，太陽不生無用之物。教育亦然，凡於敬神心，道德心之養成上所不必要之事項，宜除去之。

以上諸原則，本於太陽之運行的作用而定者也。

由此觀之，夸美紐斯之尊重自然也明矣。雖然，彼之所謂自然者，如上所述，鳥類之生活的狀態與太陽之運行的作用之客觀的自然是也。然所謂主觀的自然，例如，人類共同之性質及兒童特有之性質，則全置諸度外，此實其一大缺點也。

訓育

彼在學校上，特重訓育，乃曰："無訓育之學校，如無水之水車。"蓋取譬於父業也。但其目的，非使兒童勤學，乃欲使兒童涵養其德性，尊重其道義也。其方法，亦不以鞭撻爲事，而以慈愛爲本，獎勵或鼓舞兒童之善行，使依自由意志而實行道義，發達明察、適度、勇氣、正義等之根本的道德也。

信仰心之養成

彼於發達兒童道德心之外，同時主張不可不養成其信仰心，曰："所謂信仰心者，認識現象界，求神而服從神，賴神之恩惠而滿足，一念及神，卽生無限歡喜之謂也。"其養成之方法，常使體認人非爲現在生活而生存，乃爲未來欲到天國與神共享永久之幸福而生存也。簡言之，卽使兒童知現世爲未來永久的生活之預備也。又以《聖書》爲教科書之骨髓，使兒童認識自己應做基督之實例，犧牲一身，通全生涯信賴神明，從神之指導而行動也。

彼又與洛克同一主張，頗注意於體育，謂身體爲精神之住所，故腦髓之疾病，有害於思想之發達，肢體之柔弱，頗形精神之萎靡。彼乃就飲食之節制及其選擇，作業與休息之關係等問題，制定種種之法則。

學校教育之主張

蒙泰尼、洛克二人，皆主張家庭教育，排斥學校教育者也。獨夸美紐斯則不然，彼雖亦以兩親爲最自然之教育家，又謂兩親有教育子女之義務，然彼力說學校教育之必要，嘗謂多數之父母，爲種種事務紛拏，勢有不能躬親教育兒童者，故必選世之有智德而優秀者，使代行兒童之教育，然後教育始能完全，且得永續施行也。茲就彼所示之學校系統列舉如下。

學校系統

第一，生母學校（Schola Materna）施心身之初期教育，即教育一歲至六歲幼兒之所也。

第二，國語學校（Schola Vernacula）教授本國語、算術、歷史、宗教問答、《聖書》等之所，使六歲至十二歲之兒童肄業焉。

第三，拉丁學校（Schola Latina）教授德意志語、拉丁語、希臘語、希伯來語及其他文法、論理、修辭、算術、幾何、音樂、天文、物理、歷史、倫理、神學等之所，使十二歲以上，曾在國語學校畢業者肄業焉，修業年限六年。

第四，大學校（Academie）收容十八歲以上曾在拉丁學校畢業者，學科較拉丁學校稍高，另備有各種書籍以供學生研究學術之用。

夸美紐斯學說之批評

夸美紐斯之學說，已如上所述矣。通觀其全體：若以今日科學者之眼光批評之，其立論平凡，缺點亦復不尠，蓋彼素無心理學上之智識，唯襲倍根之學說，專模仿客觀界之自然，以立一切教育之理論，故遂不免生許多不自然之說也。迪得斯評之曰："夸美紐斯之教育學上之著作，雖不少缺點之處，揆諸當時社會情形，實何足怪，蓋當時所有人類之生理、心理等智識，甚屬幼稺，且不少誤謬之處。"又曰："夸美紐斯之應用繪畫譬喻，多不適當，其教授方法，按之論理，頗多不整合之處。"云云。

觀迪得斯之批評，則可知夸美紐斯學說之缺點矣。雖然，于此教育勃興時代，彼時毅然開科學的研究之先聲，而規定學校系統，講求適當之教育法，力謀所以發達之者，其功實不可沒也。達維的遜（Davidson）曰："吾人即謂近世教育，悉建於夸美紐斯所築之基礎上，亦無不可。"又曰："世人至於現世紀幾忘卻夸美紐斯矣。雖然，夸美紐斯之勢力，永久不滅，彼實能及其無限之影響於後世教育家，例如洛克、盧梭、裴司塔洛齊、福祿培等輩，縱不慕夸美紐斯之名，然彼等終不失爲夸美紐斯之後繼者也。夸美紐斯者，實爲大教育家之一人，不可不特筆記之也。"云云。達氏此言，當非過譽也。

第十章　實利的教育（二）

第一節　實利主義之影響

喇德開、夸美紐斯等雖出而盛唱實利主義之教育，然當時德意志適有三十年戰爭之厄運，全國騷亂，學校廢弛，卽有少數校舍之存在，亦多爲兵營病院之用，教師失職，漂泊天涯，學生因戰爭所釀成之疾病與危險而死亡離散者，不可勝數，種種慘狀，實難言喻。此戰爭雖由西發里（Westphalia）之講和，幸得了結，無奈瘡痍未瘳，人民方汲汲焉謀恢復戰後廢荒之不遑，何暇計及教育之事業？雖然，教育者，國民活動之本源，決不容永久放任也。當時王侯貴族及一代之志士有鑒於此，羣起而致力於教育事業，漸萌再興之勢焉。

如此再興之教育，其在學校之狀態及其他教育之形式上，縱無甚差異，然在教育之精神上，則有非常之變化，世稱爲“實利主義之影響”。

教育之再興

實利主義之影響

人文主義之教育也、路得派之教育也、厄斯伊達派之教育也，無一不尊重希臘語、拉丁語，且以拉丁語供幼稚兒童談話之用，苟欲用本國語者，非經特別之認許不可也。然而實利主義則反是，此主義以爲雖有如何之高尚的言語，若非適於實用，學之有何裨益？此種主張入於再興之德意志教育後，拉丁語僅爲學問上之一種教科，遂漸失其勢力矣。

國語之勢力

拉丁語既失勢力，其出而代之者，德意志語是也。認德意志語爲國語，除法蘭西語爲外交上必要之言語外，無論若何方面，皆須一律用國語。國語既有如許勢力，同時愛國心因之日益發達，而種種文明思想，亦如潮之湧起矣。

德意志國民教育之發達

由是德意志之教育，漸次恢復，日進無已。紀元一七一七年，普魯士王弗勒得力·維廉第一（Friedrich-Wilhelm I）發布《義務教育令》，凡五歲至十二歲兒童，必須一律入學校，授以讀書、習字、算術、唱歌、宗教等科，自是而後，因普王鋭意致力於教育事業之結果，其國民教育漸脱離寺院之手，國民學校遍地設立，有如雨後春筍，一時勃發之勢。普魯士教育之隆興，其影響遂波及於德意志各州，而國民教育之勢力，遂普及於德意志全國焉。

法蘭西教育之狀况

以上所述，僅就三十年戰爭時代德意志教育狀况言之耳。吾今轉而叙述當時在歐洲各國執牛耳之法蘭西教育之狀况。法蘭西當三十年戰爭之時，有偉人黎塞留（Richelieu）（一五八五——一六四二）者，出而對外擴張國威，對内振興教育；黎塞留死後，所謂法蘭西之“黄金時代”，即路易十四世

（Louis XIV）之治世（一六四三——一七一五）於是乎發生。至此時代，教育事業非常振作，其教育主義，雖有拉卑列、蒙泰尼等以實利主義唱導於本國，然基督教主義之教育，依然盛行，僧侶仍握教育之全權，至於中等以上之教育，全爲厄斯伊達派之勢力所左右也。

當此之時，英國所發生倍根、洛克等之思想，漸輸入於法蘭西境內，顧英國人素有强大之保守的性質，縱使學者、教育家，發表如何極端之意見，一時終不易容納；然法國人則反是，彼等有多血的氣質，每發見一學理，必期其實現而後已。故英國之經驗主義，實利主義，一經輸入，即見諸實行，且趨於極端而不可遏止，至是所謂“啓蒙時代”者於焉興起矣。夫“啓蒙時代”興起之原因，雖不一端，然“啓蒙時代”之教育，其蒙實利主義之影響爲最大。故吾人欲知“啓蒙時代”之教育，當於實利主義之影響下尋究之，其所行範圍，雖及於法蘭西、德意志、英吉利等國，然教育史上當以法蘭西爲中心而敘述之也。

啓蒙時代之興起

“啓蒙時代”（Aufklärungszeitalter）（或譯“開明時代”）云者，自第十七世紀之末葉，至第十八世紀之間，凡一切政治、宗教及其他社會上百般事業之解釋與實行，悉排斥從來相傳之思想與信仰，而別開新主義新思想之時代之謂也。

啓蒙時代

所謂新主義、新思想云者，尚實利，重實益，崇合理，以理性爲萬能，以個人爲中心，而主張個人

啓蒙時代所唱導之新主義、新思想

之自由也。夫以個人爲中心，主張個人自由之結果，其在政治方面，則欲撤去國家社會階級之藩籬，一切法律制度，皆爲束縛個人自由之具，非盡行廢棄不可，而對於國家社會，唯以主張個人權利爲主旨；其在宗教方面，則欲排斥從來所行之教義與信條，脫離舊日教權之範圍，而圖獨立；其在教育方面，皆唯以發達人之天性，使得十分之幸福爲本旨也。

尊重合理，以理性爲萬能之結果，遂使政治、宗教、教育各方面，盛唱排斥盲從之說。謂對於一切事物，當先求其理由，倘無滿足理性之理由，雖神不足信服也。

尚實利，重實益之結果，遂致社會各方面，關於吾人之一切活動，唯以圖自己之利益，增進自己之幸福爲根據。以一切文物制度，皆爲自己利益及自己幸福而設，苟無關於實利實益者，雖有如何之優雅高尚，亦決不取也。

啓蒙時代之教育

"啓蒙時代"所行之主義與思想既如此，則此時代所施之實際的教育，當然以圖此主義此思想之實行爲正鵠，以爲教育之目的，在於開發人類之智識，增進記憶力，陶冶判斷力，以謀理性之發達而已。其教科目，亦以本國語爲最重要；其他如近世語，則授以商工業上所必要者；如歷史、地理，則以理解現在社會之情形爲主；如數學、物理、化學等科，則以開發生活上所必需之智識爲重，此種主義思想之教育，決非可以期之於厄斯伊達派及其他之宗教的教育也。於是法蘭西之一般學者，皆出而願立於路易十四世之朝，掌握教育上之全權，攻擊厄斯伊達派，而放逐之於教育界之外。自此無論理論上與實際上，悉爲僧侶以外之學者與教育家之勢力所左右也。

由是觀之，第十八世紀之教育，實含有國民的性質，能普及於國民全體，其目的不在謀死後天國之幸福，而在求生前現時之幸福也。

啓蒙時代之代表的教育學者

在此時代，主張實利教育之代表的學者，以《愛彌爾》教育小說著名之盧梭是也。

第二節　盧梭與實利主義

盧梭

盧梭之思想，實代表“啓蒙時代”之實利的教育，欲知其詳，不可不先就其經歷敘述之。

盧梭（Rousseau）者，紀元一七一二年生於法蘭西與瑞士間之日內瓦（Geneva）小國。父業鐘表，彼生卽失恃，父心地寬厚，富於慈愛，雖有十分教育其子之志，然因無教育上之智識，不能親施以相當之教育，僅供以稗史小說之類而已。盧梭年十歲時，其父與法蘭西之士官有隙，遂遣彼而他往。彼之叔父，乃遣彼爲律師之書記，後又爲雕刻師之弟子，然彼天性放縱，不堪其苦，中途輟業，由是任情轉徙，流落四方，偶遇窩蓮（Waren）夫人，招至其家，使修學業，數年後，又離而他適，輾轉流離，備嘗艱苦；至紀元一七五〇年，歸日內瓦，旋赴巴黎，自是以後，彼始改素行，與上流人士交際，著有若干論文，其最著名者，即《懺悔錄》《民約論》及《愛彌爾》等是也。茲敘述之如下。

盧梭之著作

《懺悔錄》

一，《懺悔錄》（*Confessions*）自白其生平之善善惡惡，而毫無所隱匿粉飾之一自敘傳也。吾人一繙此書，則其生平所犯之竊盜、詐僞、姦淫及其他流落生活之不法行爲，皆歷歷可見，頗足令吾人對此思想界之偉人，頓減其尊敬之念，然彼之毅然自白，坦率無私之精神，亦足爲吾人至大之一教訓也。

《民約論》

二，《民約論》（*Social Contract*）其説以爲人民未有君主以前，固亦有國，其立國之基，即爲人民所締結之契約，既結契約，各人乃舉其天賦權利，委之於國，以成鞏固無弊之國家；且所有權利，悉歸平等，無强弱多寡之分，故無相侵相奪之患云云。其立論多根據於理想，實爲政治界之傑作，亦法蘭西大革命之導火線也。

《愛彌爾》

三，《愛彌爾》（*Emile*）在紀元一七六二年出版，即以其書中之主人翁爲名也。盧梭假託一名愛彌爾者之自出生以迄於成人之徑路，敘述其關於教育上之理想，彼排斥舊時代之傳說與文化，欲全然脱離一切人工的規則制度，而返本於純然的自然之狀態也。是書雖非系統的著作，且偏於理想，而無益於實際，然亦足以使吾人注意於自然教育，而爲促進舊教育改革之先鋒。彼有名之大哲學家康德，一日偶讀此書，遂忘其每日必要課之散步，觀乎此，其書之感人偉力可知矣。

《愛彌爾》出版後，以其思想之新穎，大爲一般社會所歡迎，然厄斯伊達派舊教徒以爲彼蔑視宗教，遂開會於法國議會，燒其書，欲處以刑。彼因遁入日內瓦，旋出奔英國，事寢，後歸巴黎，至紀元一七七八年而歿。

盧梭之學說

盧梭對於教育之原理有二：一曰消極的，一曰積極的。何謂消極的？曰："凡物之生於自然者，皆純然善也。一涉人爲風習，始漸生惡。"意謂人性本善，在小兒初生，其天性純潔無垢，其所以習染於惡者；社會事物之腐敗有以致之也。故教育之第一要務，在於除去外界社會事物之惡影響，使永久保存其自然之作用而已。何謂積極的？曰："人之初生，身體輭弱，不可不謀所以强壯之，悟性及判斷力，亦甚遲鈍，不可不謀所以發達之。"諸如此類，缺乏甚多；欲補充其缺乏，不可不俟夫教育之力。由此言之，則教育者，實合天性、人爲及事物三者而成也。此三者之教育，調和發達，始克奏教育之效，然此三者之中，以天性爲最難變化，所謂"上智下愚"之類，雖有偉大之人力，亦莫能移；若事物之教育，尚能以吾人能力爲之取舍；至於人爲之教育，則全出於吾人能力所措施，故吾人不可不盡吾人之能力以從事於教育也。然則從事教育之方法當何如乎？曰："先隔絕外界事物之種種不良影響，然後本其天性，再施以積極的人爲教育，以養成其完全的人格

教育之必要

而已矣。今世之爲父母者，對於兒童之教育，皆以造成一克承父業克繼父位之人爲目的也。此種教育，在昔埃及箕裘相紹之世，固無不可，然至今日之社會，猶欲施以如此之教育，則未免爲戕賊人類本能之行矣。原夫自然之秩序，人類皆平等，不論在何境遇、營何職業，皆宜盡性立身，發展其固有之能力以遂厥天職也，故吾人之教育，不可不以養成一種社會上有用之人爲目的，即吾人教育兒童，不可使陷於一技一能以戕其天性，必使成一完全之人，以適合於人世之種種方面也。”以上所述，即盧梭之根本思想也。彼本此思想，描寫名愛彌爾之一假想兒童，施以人生各期所應受之教育。彼又反對學校教育，故使愛彌爾專在家庭中，由一家庭教師完全負其教育之責。彼論家庭教師之資格有五：（一）自身有相當之教育；（二）年方少壯；（三）非爲金錢而施教；（四）能與被教育者作親愛之友；（五）能繼續擔任被教育者自幼至婚姻期止之教育。

盧梭之教育上根本的思想

家庭教師之資格

愛彌爾之教育

愛彌爾者，不知其有無父母也；然確係一富貴家之子，蓋盧梭之意，以爲貧賤兒童不必受教育也。又愛彌爾之體格，甚完全且强健，蓋盧梭之意，以爲教師者，非看護人也。

教育之四期

《愛彌爾》一書，除序文外，凡分五卷：其第一卷至第四卷，分愛彌爾教育爲四期，最後一卷，叙愛彌爾妻索斐亞之事，專論女子教育，茲分述之如下。

第一期，論愛彌爾出生後一年間之教育。在此一年間，最重肉體的養護，兒童之種種身體的需要，皆基於自然而發生，故不可不謀所以滿足其身體之發育。衣服、玩具以及飲食、起居、疾病諸事，皆宜順從自然，施自然之鍛鍊，以免妨礙其身體之完全的自由。凡兒童之實際的需要與想像的需要，或消費的需要，吾人不可不嚴密區別之。若以兒童號哭之故，即供給以分外之需要，適足以養成其貪婪惰慢之惡習慣。欲此期之道德教育，有適當之實施，須常觀察研究兒童之言語、態度及其風采也。

第一期之教育

第二期，論二歲至十二歲之教育。在此時期內，其教育之目的，非爲兒童之將來而設施，一切遊戲行動，皆任其意之所欲，以完全發展其自由。蓋自由者，教育之根本的原則也。世之教育家，動輒爲兒童之將來而施教育，蔑視兒童之現在，且以幼稚時期爲最易矯揉造作，遂將其所希望於兒童之將來者，悉欲於此時期內作種種之準備，信如彼輩所期，兒童之將來，果能得如許之幸福乎？抑所謂幸福者，果含有何等意義乎？夫幸福之有無，當視感情之如何以爲比例，即受苦痛最少者，其得幸福爲最大，反言之：即受愉快最少者，其不幸爲最大，故欲使兒童得最大之幸福，須保持其自然之狀態，且不可過信兒童之能力，無論若何聰穎之兒童，亦當依其年齡之大小，施以相當教育，決不可以其資質過人，遂課以繁重之學業也；又兒童縱不順從，亦不可加以懲罰，何者？兒童因非分行爲，已自蒙其

第二期之教育

何謂幸福

自然結果所生之種種痛苦也。但此時期之教育，所不可不特加注意者，卽感官之練習是也。卽須使兒童適應其感應以認識外物之謂也。此時期之教育，僅可使知最簡單之道德，例如吾人之所有權之類。至宗教的教育，決不可施，此時期之智育，當一任兒童之自然的經驗，就實物實地使之觀察實驗，尚未可以用書籍教授，蓋讀書者，兒童之最大不幸的作業也。

兒童之教育與讀書

第三期之教育

第三期，論十二歲至十五歲之教育。卽知的教育之時代，常由實物使得自然科學之智識也。曰：吾人之教育，世界之外無書籍，離事實不足言教授。教育者，苟使學生深注意於自然的現象（卽天文、地理、物理等），則其求知之心，油然發現，然求知心之養成，決不可期其速效，而妄行注入之教授；必先提示適於兒童理解力之事項，使其自行解答，蓋兒童之智識，非由教授而得，乃由自己觀察，自己思考而得也。兒童者，非學習智識，乃發明智識者也。教師若不以理性臨於兒童，而唯示之以權威，則兒童將不去自求思考，而專盲從他人之說矣。此時期尚不宜多用書籍，唯使讀《魯濱孫漂流記》（*The Life and Adventures of Robinson Crusoe*）一書足矣。蓋盧梭以《魯濱孫漂流記》，足以養成吾人不恃社會之助養，不藉人工之器具，獨處於絕海孤島之中，而能自講生存之道，自開幸福之途，實爲愛彌爾之唯一的教科書也。彼乃力排古語文法之教授，而專唱實利的教科之必要。

事實教授

《魯濱孫漂流記》

第四期，論十五歲至二十歲之教育，即教育完全之時期也。在此時期內，主張道德的及宗教的情操陶冶。關於道德方面，首重自愛，以爲人皆有保存自己生命之責任，故自愛實爲人生之要素，屬於正且善者也。盧梭乃反對基督教之教訓，主張愛我者我亦愛之，惡我者我必避之。關於宗教方面，則以爲不可偏於一宗派，以施教授，其宗教之選擇，一任於兒童之自由；又欲使兒童熟知世務，宜先爲歷史之研究，不可遽使與世人直接交際。

第四期之教育

教育與自愛

愛彌爾年至二十五歲，乃使與一理想的女子名索斐亞（Sophia）者結婚。

《愛彌爾》第五卷，敘述愛彌爾妻索斐亞之教育，專論女子教育，當以養成良妻賢母爲目的。謂女子性情柔弱，富於愛情，長於手藝、烹飪、裁縫等事。其目的在助男子治理家政，而使家人皆得有快樂之生活也，至於女子自身之幸福，彼則不特爲注重也。

愛彌爾之妻索斐亞

女子教育之意見

觀上所述，可知盧梭之教育意見，不外乎適合兒童所固有諸能力，而順其發達之次序，反夸美紐斯之所謂客觀的自然主義，更進而爲主觀的自然主義。但其學說中，不免有多少矛盾與缺點。弗爾爾（Vogel）評之曰："《愛彌爾》一書，開宗明義第一章曰：'人性本善。'一語，實陷於根本的誤謬也。蓋人之初生，天性本無善惡，且與善惡毫無關係也。迨個人有成熟的自識時，始對於善惡有正當之觀念。"云云。其他缺點尚多，約舉數端如下：

盧梭學說之批評

一，偏於極端的個人主義，而忽視社會的方面。

二，宗教教授及道德教授，過於遲延。

三，排斥特殊的職業教育。

四，不顧下流社會之教育。

五，排斥讀書。

六，輕視女子教育。

然舉其優點，亦有數端如下：

一，排斥古文學及宗教教育，注重實科。

二，注重兒童自然之性情。

三，以兒童自己活動及施行知覺、感覺等教育爲主。

四，著眼於感情教育。

五，主張不論何人，皆受教育。

總之，盧梭之思想後爲巴西多所實行，康德亦受其刺激，裴司塔洛齊、福祿培等，亦以彼之思想爲根柢，其影響及於後世之教育界者，誠非淺鮮！彼《愛彌爾》一書，至於今日，尚爲教育界之一大寶典，而爲多數學者所愛讀不釋也。

第三節　汎愛主義之唱導（一）

汎愛主義之教育家

盧梭之後，能體認啓蒙時代之精神，布衍盧梭之思想，冀實行之於實際教育之上者，所謂唱導“汎愛主義”一派之教育家是也。此“汎愛主義”之首唱者，即爲巴西多。

巴西多

巴西多（Basedow）者，紀元一七二三年，生於德意志之翰堡（Hamburg），家貧，父母不甚愛之，故未嘗受家庭教育。嘗爲疴斯丁（Holstein）一醫師之僕，未幾，主人發見彼之天才，助其學資，於紀元一七四三年，入翰堡之文科中學校；尋升入來比錫（Leipzig）大學，專修神學、哲學；畢業後，至紀元一七四九年，赴疴斯丁，爲貴族加亞稜（Herr von Quaalen）家之家庭教師，居三年，成績卓著。蘭額（Lang）曰："巴西多能以其自己所發明之教授法，收非常之良好結果，例如拉丁語之教授，先提示以實物，然後教以拉丁語之名稱，故其所教授之兒童，進步甚速，不數日，彼即能用拉丁語談話。"云云。爾後，彼歷任各地之教職，紀元一七五三年，爲梭羅（Soröe）專門學校教師，一七六一年，轉任亞爾篤奈（Altona）文科中學校長，熱心任事，益發揮其教育的天才。彼之思想，既爲進步的，而教授法又甚嶄新，一時聲名驟著，大爲同事所嫉妬，遂被擯斥，然彼毫不畏憚，仍欲勵行其改善教育之志。一日偶讀盧梭所著之《愛彌爾》，感奮不置！由是志益堅，遂毅然從事於教育之改革。紀元一七六八年，乃著《對於學科與感化敬告世之仁人志士》一書行世；後二年，復著《對於教育法敬告世之父母》一書，並效夸美紐斯插畫之法，著有《初等教科書》；其他著作，亦復不尠，就中以《綱要》（*Elementarbuch*）及《方法論》（*Methodenbuch*）二書爲最著。當時彼以

巴西多之思想

乏於資，一時不能付梓，遂致書於各國王侯，請求補助，丁抹文部大臣卑路斯多路弗（Bernsdorf）贊成此舉，出而發起，與各王侯熱心協助，克告厥成。彼又與當時之文豪哥的（Goethe）親交，一日得哥的之紹介，爲德意志得索（Dessau）侯爵里泊德（Leopold）所聘，得侯爵之助，於紀元一七七四年，設立一學校，即所謂汎愛學校（Pbilanthropen）是也。彼經營此校，遂宣言曰："願吾父老速送子弟來入我校，爾子弟必肯欣然就學，以終其愉快之修業期限也。我之主義，非羅馬舊教，亦非路德新教，唯守基督教之主義耳。呼之爲'汎愛主義'亦可，即呼之爲'一視同仁主義'，亦無不可。"於是排斥古來相傳之教育法，而本盧梭之思想，無論教育之目的與方法，一以遵循自然爲原則。其教育之目的，在使兒童得現世幸福之生活，並能盡瘁於國家社會也。其方法則一應自然，放任兒童之自由，毫不加以檢束，利用兒童之鋭敏的感覺以施教育。彼乃本此主張，極力反對當時一般所行之宗教的形式的教育，建立自己之理想的學校，而行其理想的教授法焉。然則其結果爲何如乎？當紀元一七七六年五月間，德意志各地之教育家來參觀此學校時，該校學生並巴西多自己之子女合計之,僅十三人耳。此卽足爲巴西多學校失敗之明證矣。考其失敗之原因雖不尠，茲舉其要，約有數端如下。

汎愛學校

巴西多之宣言

教育之目的

教育之方法

巴西多事業失敗之原因

輕視宗教

一，因彼全無宗教的趣味也。當時雖爲啓蒙之時代，種種行動甚屬自由，然宗教之勢力依然存在，且頗强盛。故普通人民，不解巴西多教育之旨趣，反以其學校爲世俗的學校，不能養成兒童之信仰心，適足以誘掖兒童於不善；況其教育亦不講高尚的學問，唯使兒童陷於鄙俗之風，是以彼等皆不願遣其子弟入巴西多之學校也。

二，因彼之教授材料過於複雜也。苦克（Quick）於其所著《教育改革家》一書，列舉巴西多之教材如下：　教授材料之複雜

（1）爲研究人類起見，須有外國人及土蕃之肖像、骸骨及其他外科醫學之陳列所。

（2）爲研究動物起見，須有各種必要的動物繪畫。

（3）爲研究植物起見，須有各種重要之植物及園丁、農夫等之用具。

（4）爲研究礦物起見，須有各種礦物及化學上之物品。

（5）關於度、量、衡等之數學的機械及關於地球之運動、形狀等之地理學上材料。

（6）職業的智識。

（7）歷史。

（8）商業等類。

以上種種教材雖甚複雜，然皆爲日常生活所必需之智識，今日無論何種學校，皆採用之也。但其分量過多，乃其缺點也。故今日如特爾裴爾的（Dörpfeld）等，亦以巴西多之思想爲甚淺薄，其在教授上，僅陷於“實用主義”（Didaktischer Materialismus）而已。然彼後亦漸自覺其非，而次第删減矣。

自己度量之狹隘

三，因彼度量之狹隘也。彼在教育上，極力非難從來所行之教育法，苟與己不相容者，輒攻擊之，故頗受一般教育家之反抗，遂致其事業之發達上，大受障害。

性格之有缺點

四，因彼之性格有缺點也。彼既乏克己心，又耽於空想，而性質狷介，自視過高，又不能得屬僚之信用，致外受世人之攻擊，而內則不能整理其校務。

有以上種種原因，故其經營事業，卒歸於失敗，不久辭職而去。此學校亦於紀元一七九三年停閉，爾後，彼專置身於閑散之地，從事著述，以送晚年，至紀元一七九〇年而歿。

當時與巴西多同奉“汎愛主義”而爲著名之教育家者，即撒耳士曼是也。

撒耳士曼

撒耳士曼（Salzmann）者，亦德意志人，生於紀元一七四四年。自幼在家庭中受父之教育，稍長，經歐夫中學，入耶拿（Jena）大學；畢業後，即從事於教育及著述。至紀元一七八一年，爲巴西多之學校所聘，始爲“汎愛主義”派之一人。

彼在學校中，稍有不愜意，乃辭職而去。紀元一七八四年，卜地於額達（Gotha）之附近，本自己之主義，以創辦一學校，率其子女及壻同在校中從事教育，宛若一大家庭焉，其事業著著有進步，遠勝於得索之學校矣。其協助者，得有謨芝（Muths）（一七五九——一八三九）其人，爲彼校體操及地理

謨芝

教師，聲名甚著。彼地理學之泰斗李戴爾（Ritter）氏（一七七九——一八五九）實出其門下，校勢日益振作。撒耳士曼歿於紀元一八一一年。　李戴爾

當時從事於得索學校之教育，唱導“汎愛主義”者，撒耳士曼之外，尚有一人，即堪比是也。

堪比（Campe）者，亦德意志人，生於紀元一七四六年。在哈列（Halle）大學，研究神學，後爲牧師；其後爲得索侯所聘，任汎愛學校之評議員，尋升爲校長；未幾，辭職，周遊四方，從事於教育與著述，至紀元一八一八年而歿。　堪比

堪比從事著述之時，其協助者有脱洛頗其人，亦以“汎愛主義”派之教育家見知於世者也。

脱洛頗（Trapp）者，紀元一七四五年生於德意志之痾斯丁（Holstein），在哥丁弇（Gottingen）大學出身，後從事教育。紀元一七七八年，爲哈列大學教授，一七八三年，辭職，專事著述，至一八一八年而歿。　脱洛頗

此外，私淑於巴西多之門，唱導“汎愛主義”之教育家，頗不乏人，就中最有名者，即魯荷是也。

魯荷（Rochow）者，普魯士人，生於紀元一七三四年。家世貴族，自幼受業於家庭教師，後入巴郎丁堡（Brandenburg）之士官學校。紀元一七五〇年，出而從軍，爲騎兵將校，在戰場負重傷，不堪任軍務，退而從事慈善事業。一日偶見貧民之無知無學，非常痛慨。因感教育之必要，遂在己之領土內設立學校，施“汎愛主義”之教育；同時又著書　魯荷　《兒童之友》

以謀教育之普及，其中以《兒童之友》(*Kinder-freund*)一書爲最著名，可稱爲讀本之模範，各國皆有譯本，其貢獻於後世之教育界甚大。至紀元一八〇五年而歿。

第四節　汎愛主義之唱導（二）

汎愛學派之教育學說

前節所述，僅就汎愛學派之實際教育的方面言之耳。然則汎愛學派之教育學說果何如乎？略述之如下。

教育之目的

教育之方法

兒童之教育與自然

此學派之教育目的，在使人發達實際的道德及其身體精神之天質，使其生活無瑕而有益，以享受現世之幸福也。達此目的之方法，則以彼等所信賴之盧梭思想爲基礎。試舉巴西多之言以證之：曰："吾人教育兒童，與其依賴人工，不如順從自然，蓋世間風俗習慣之最優美者，亦多係不自然之物也。此等不自然之物，日後兒童自能知之，吾人欲永久保持兒童之純潔的天性，須使兒童受兒童之教育，勿以待遇成人之方法處置兒童。彼等之最銳敏的官能，即爲感覺；此等感覺，初無一切抽象的概念，故使兒童由此感覺而認知世間一切事物者，乃教育上最急之務也。至教授之際，則須提示以實物，苟無實物，則可代以圖畫或模型，如此，則兒童於遊戲之中，皆有學也。"觀此言，則巴西多教育之原於盧梭思想也明矣。茲再就巴西多之教育理論而討究之，彼以爲一切教授，應以自然的具案的方法而設施，其材料以適於實際生活之需用，選擇近世語及實科的學科爲主；同時又須順應兒童精神之自然的發達，由易及難，由近及遠，循序漸進，不可躐等；其教授之形式，以對話的方法爲基礎，使兒童自行動作，不受教師之拘束。此種教授，本爲技術之一，學此教授法者，亦無異於學諸種技術也。故教育上，又必先設立教授練習所，以養成適當的教師爲急務也。　教師之養成

宗教者，以陶冶少年道德之完成爲目的，不必有宗派之分，唯授以最普通之宗教上之眞理可耳。道德者，本自然之法則，使人各從其良心之命令，以遵守正道實行義務可也。在教育上，各種方面，凡從來所施行之苛刻的抑制，不可不排斥之，蓋兒童之天性本善，一經抑制，反使生不善之結果，例如宗教道德之教授，以使兒童生起快感，喜於學習爲要務。其他一切教授，亦須寓爲學之道於遊戲之中，務使兒童人人以學校爲最快樂之所也。　宗教　道德

教育上之身體方面，乃其精神方面之自然且必然之基礎也。故吾人不可不特加注意於體育，例如使兒習劍術、游泳、舞蹈諸技；臥則硬牀，食則蔬食，浴以冷水，衣須寬舒，每日須有相當之活潑運動之類是也。　體育

至於女子教育，彼汎愛學派，亦不過稍改盧梭之思想而紹述之耳。例如，堪比以養成良妻賢母，堪於整理家事，爲女子教育之目的是也。　女子教育

汎愛學派教育學說之批評

觀以上所述，則汎愛學派之教育學說，可知其梗概矣。然其學說之應用於實際教育者，其結果爲何如乎？試就其事實觀之，彼等或以褒賞，或以旌表，或以其他之種種手段，使兒童常在於最愉快之狀態中，故彼等之懲罰，唯施以輕損其名譽等方法，力避古來相傳之奴隸的訓育，如此方法，影響及於實際教育之上者頗大，其功實不可沒也。然而彼等蹈襲喇德開之誤謬，有過重方法偏於人工的之弊，亦不可諱之事實也。

學說之矛盾

不寧惟是，此派之教育家，唯使兒童日在於遊戲愉快之狀態中，以施教授，致忘卻作業其物之性質，竟忽視意志之陶冶，則又其一大缺點也。夫活動者，未必皆爲愉快也；況規則的活動，尤非愉快之遊戲可也；蓋學問與愉快，原不能並立，在昔亞里士多德，早已道破之矣。亞氏之言，曰“凡一切學問，皆與苦痛相伴，故少年既攻學業，則不能同時遊玩也。”由此言之，則汎愛學派之主張，得無乖謬乎？

第五節　實利主義之發達

英國教育之狀況

前章敍述英國實利主義學者，如倍根、密爾頓、洛克等之後，即繼述大陸之實利主義；然大陸之實利主義，漸次伸張其勢力，迨第十八世紀，益形隆盛，故敍述之際，專注意於大陸方面，而不遑兼述英國教育之狀况。爾來世運漸移，至第十九世紀，實利主義雖隨商工業之隆盛，依然能維持其勢力，然有反對之主義與思想勃焉興起，因而實利主義大減其光輝；研究教育史者，至此不得不移其注意於此新主義與新思想矣。但當敍述此新主義與新思想之前，不可不補述英國教育之狀態，以成此實利主義的教育之一大段落也。

英國人最富頑强之保守的性質，故雖有倍根、洛克等學者之主張，然其實際教育，仍舊未改，如高等教育及中等教育，依然奉行亞斯額姆等所倡導之人文主義；初等教育之權，專操於僧侶之手，其對岸之法蘭西、德意志等國，縱有學制之改革，新教育令之頒布，然英國之教育，沈淪如故，仍陷於不完全之狀也。紀元一七八一年，雖設立日曜學校及保護奬勵會，冀圖學校之進步，然此等學校，全行宗教教授，時或課以淺近之算術及讀書、習字等科，至於實利的教育，則終莫之行也。　英國教育之不完全

雖然英國人之思想，本爲現世的，故説哲學則重經驗論，説倫理則重功利説，説教育則自不能不重此自然趨勢之實利主義也。其實際教育，雖保守習慣，無稍變易，然在思想界固未嘗不與此現世的思想有一貫之變遷也。如倍根、洛克輩，起而説經驗論，主張功利説，唱導實利主義以來，一時反動，雖有蘇格蘭之學説，乘機侵入，然不久而其勢遂衰；無何，又有邊沁（Bentham，一七四八——一八三二）、　英國人固有之思想

惹姆斯・穆勒（James Mill，一七七三——一八三六）、約翰・穆勒（John Stuart Mill，一八〇六——一八七三）等學者輩出，盛行鼓吹英國固有之思想，於是實際之教育，日久日漸，亦不能不蒙其影響而翻然改革矣。紀元一八六〇年，自僧侶之手收回初等教育之權之議起；至一八七〇年，遂全歸國家權力所支配，而實利主義漸行於其間矣。當此之時，有大學者，出其該博之學與深遠之識，或採進化論的思想，或參以大陸之合理的思想，大發揮英國固有之精神，而發展實利主義之教育，彼何人斯？曰：斯賓塞。

斯賓塞

斯賓塞（Spencer）者，英國人，紀元一八二〇年生於特比（Derbey）。其家世襲教育之職，父佐耳治・斯賓塞（George Spencer）亦爲其地高等學校之教師，父母均爲熱心新教之教徒，故彼亦素蒙宗教的感化。彼有兄弟三人，皆夭死，彼之質體，幼時亦甚羸弱，父不肯遽使受學校教育，專在家庭中施以適當養護，年十三歲，寓於叔父托姆斯・斯賓塞（Thomus Spencer）之家，修拉丁語與希臘語，漸習數學、機械學、土木學、建築學等。叔父擬送彼入劍橋大學，使受高等教育，其父不許，遂不果。彼乃從父之意，爲土木技士，時年十有七，彼雖有實務之職，然其志常在於學，每欲於機械上之實驗及其他種種方法，以博其智識，業此者前後凡十年，其學術大進步；彼屢欲轉業以從事學術之研究，而卒不可得，然常在新聞雜誌上，發表其關於政治、經濟等之論文，遂於紀元一八四八年，爲《經濟雜誌》（*Economist*）之助編輯，服務之餘，益盡力於學術之研究。紀元一八五〇年，發刊《社會靜學》；尋又發刊《心理學原理》，一八六〇年，發刊《教育論》，是書發表彼之教育思想，不過三百餘頁之一小册，自出版以來，三十年間，在其本國共發行四萬部有餘，其在各國翻印與繙譯之本，亦不可勝數，其學說價值之如何可知矣。一八六二年，發刊《綜合哲學》第一編《哲學原理》（*First Principle*）。此《綜合哲學》共分爲（1）《哲學原理》；（2）《生物學原理》；（3）《心理學原理》；（4）《社會學原理》；（5）《倫理學原理》五編。然此乃一大事業，非無一定收入如斯賓塞者所能獨力營辦，彼曾請求政府補助，然終不見許，彼乃竭其畢身之力，慘淡經營，歷四十年，始告大成；至紀元一八九六年，全部出版。爾後境況益形蕭條。至紀元一九〇三年而歿。

《教育論》

《綜合哲學》

斯賓塞之學說

茲以下，吾當敍述斯賓塞之學說：

斯賓塞在倫理上，對於人世之目的，取“進化的快樂說”（Evolutional Hedonism），彼先斥從來之功利主義，乃曰：“吾人非全智者，故吾人有如何之行爲，生如何之結果，非吾人所能確知，此吾人所以屢求快樂，卻屢釀成苦痛也。然而人世之目的，仍不外乎求快樂，但欲達此目的，須以快樂爲間接之目的，而以求快樂之條件爲直接之目的也。所謂條件云者，適應於社會的法則，而營其完全的生活是也。例如求肉體的快樂者，須以增進康健實踐道德

《教育論》之根據

爲其條件也。要之，人苟能營其完全的生活，則快樂遂由此而生矣。”以上所述：係斯賓塞學說之大旨也。其《教育論》之根據，卽在於此。

彼之《教育論》開卷之第一問題，卽如何之智識爲最有價值是也。彼乃痛論當時所行之教育，均先虛飾而後實用，唯以研究古文學爲事之弊。曰：“彼疴黎諾哥印度人（Orinoco Indian）之文身，非爲求實益，乃以無此修飾爲恥耳。今我國之兒童，惟欲保持紳士之體面，徒使費十分之心力於毫無益之拉丁語、希臘語之上，其愚與印度人何異？夫人之生也有限，在此有限之生涯，吾人應教授之事項，尚須有所限制，更何暇悠悠然及此虛飾的學科乎？故教育上不可不先定如何之智識爲最有價值也。而其價值則當以生活上必要與否爲標準，旣曰生活，則吾人當如何營其生活乎？卽吾人當如何處置其心身乎？宜如何調劑百般事物乎？宜如何以扶養家族乎？吾人以公民之資格當如何行動乎？天之所賦一切幸福之原因，宜如何可以利用乎？欲謀自他之利益，宜如何以盡吾人之能力乎？要之，吾人如何而後得有完全之生活乎？此實人世之最大問題也。學問之必要，其在斯矣。然則使人營完全生活之準備者，卽教育之目的也。吾人不可不常以此目的爲中心，而研究教育上之一切問題一切方法也。然吾人欲以系統的作如此之研究，則不可不先將組織人生之一切活動，詳細分類之也。爰分類如下：

教育之目的

人生活動之分類

一，直接自己保存之活動（例如防護災難之類）。

二，間接自己保存之活動（職業的活動）。

三，教養子孫之活動。

四，維持政治上及社會上關係之活動。

五，增進趣味與感情之活動。

斯氏以爲上述五種活動之完全的準備，端賴乎教育，易言之，教育者，卽與兒童以此等活動之完全的準備也。說明之如下：

第一，教授生理、衞生之智識，以完其直接自己保存之任務。

第二，教授讀書、算術、理科、數學及其他生活上必需之智識，以完其間接自己保存之任務。

第三，教授生理學、心理學及教育學等之智識，以完其爲父母者之任務。

第四，授以關於社會變遷及政治、道德之智識，以完其社會一分子應盡之任務。

第五，授以文學、技藝，以養成美術心，使兒童於處世上得有種種之快樂。

以上所述之教育，斯氏以爲必先使人得精密的科學上之智識，然後始能收其效果也。科學者，大有功於提示原因、結果之理法，或養成記憶力，或發達判斷力，或修養道德心、宗教心也。彼又曰：“教育者，自人生活動之順序觀之，可分爲上之五種；然自教育的作用上觀之，則又有智育、德育、體育之別。”彼乃於第二章論智育之必要。 科學 智育

斯賓塞以爲智育者，不可不依兒童能力發達之順序而行也。彼本此論據以示智育之原理，說明之 智育之原理

如下：

一，教育宜由單純而進於複雜。

二，教授宜由特殊之事項而進於一般之原理，即始於具體，終於抽象之謂。

三，兒童教育之順序方法，宜與人類種族之發展相一致。

四，教育宜由經驗的而進於理論的。

五，教育宜使兒童自行觀察，自行推理，養成自學自習之風。

六，教授法之得失，視兒童興味之有無爲判定，故於教授上使兒童生不快之感者，殊有害於兒童精神之發育，宜擯去之。

斯賓塞舉以上諸原理，更下一結論，曰："此等貴重之原理，若僅視爲抽象的原理，殆無何等之價值也。"彼由是又示以應用之實例，說種種教育上之實際問題，進而爲第三章之德育論：

德育

自然主義

斯賓塞之德育主義，純取法乎自然也。彼以爲取法自然，則兒童能自覺正當行爲，必生善果，不正當行爲，必生惡果，且能自覺夫一切不善行爲，必遭自然之相當的懲罰；此自然之懲罰，爲不變的而且直接的，無所假借，無所遺漏，雖沈默而無威嚇之言，然甚正確也。例如兒童取針刺指，則痛隨之，一而再，再而三，其結果皆痛也。此斯氏欲以自然之結果，使兒童發展其道德心之意也。然欲遵循自然以成兒童之道德，決不可期速效，故彼又曰："方兒童幼時，不可望以高尚之道德，蓋微論文明之人，其

懲罰

兒童與野蠻人

在幼稚時期，亦往往表現有祖先所曾經歷之野蠻的性質也。試以兒童之容貌觀察之：幼兒之容貌，甚類野蠻人，而其本能亦頗相似也。然彼等普通所有之殘酷、竊盜、虛言等傾向，亦猶容貌之逐漸改變，至成年時期，漸臻於良善之域矣。故吾人欲感化兒童，初時僅注意其普通行爲，使無大過斯可矣；及其漸長，然後漸進以高尚道德之陶冶焉。

體育

其第四章爲體育問題，彼先從各方面論吾人身體强健之重要，次論兒童之强健，在於食物之調劑及滋養品之供給，曰："世之爲父母者，往往爲經濟所不許，或唯圖自己口腹之滿足，每對兒女之要求肉食者，輒以肉食物有害於兒童等語爲口實以拒之。此種口實，對於過嗜肉食之兒童偶或發之則可，然以之爲一般信仰，則不可也。夫兒童養護上，凡兒童飲食，須給以成人所食。或成人所食以上之滋養品，蓋滋養品爲兒童生存與成長所不可缺者也。又食物不可不常爲更換，蓋屢食之以同一之物，甚有害於衛生也。"

食物

衣服

彼關於衣服之論，曰："兒童之衣服，決不可過厚，以足禦寒爲度；且不可用棉布、麻布之類，而以品質堅牢，不易褪色之毛織物爲最宜。"

對於古來養護法之非難

彼關於運動與課業之論，則痛斥古來養護法之不得當；又謂現今教育，所以使兒童心身過勞之原因，不得不歸咎於文明之現象，曰："古代社會的活動，僅限於攻擊與防禦等事，故其教育，專重體育方面，後世人事日繁，所謂圖國家之安寧，謀社會之發達者，在在皆賴有精神的活動。是以古代教育，偏於體育；而現今教育，偏於智育，其實二者，皆非適當之教育也。所謂適當之教育者，不可不謀身體與精神雙方之調和發達也。”又曰：“世人不注意於身體上之道德久矣。動輒謂我之身體，從我心之所欲而處分之可也。乃違背一切自然之法則，暴飲食，惡衣服，冒風寒，縱情欲，一旦釀成疾病，中道夭亡，卽歸之於天命，妄謂之曰自然，而毫不覺悟其疾病之實源於自己惡行也，豈不大可哀哉？苟世人能悟違犯健康之規則，卽爲肉體上之罪惡，則疾病夭亡之災，庶乎可免。而兒童之體育，亦由是得進於完美焉。”

身體上之道德

肉體上之罪惡

以上所述，卽斯賓塞《教育論》之要點也。實利的教育，苟能如此而發揮之，實行之，則與理想的教育相去不遠矣。

第六節　實利的人文的教育

美國的教育

以上諸節僅就從來歐洲各國之教育敍述之耳，至若美國教育之發達情形，在西洋教育史上，尤不可以等閑視之也。

實利的人文的教育

美國一般人民尚實利，重實益。其思想全屬於實利主義，雖然，若精密觀察之：彼等又懷抱有獨立、自由、平等之理想，富有强大之人文的傾向，然則美國所行之一般教育，吾無以名之，名之曰“實利的人文的教育”。吾當以痾列斯·曼（Horace Mann）（一七九六——一八五九）爲中心，而敍述其崖略焉。派加（Parker）曰：“合衆國六千五百萬人中，雖孺子走卒，無不知華盛頓（Washington）、林肯（Lincoln）者；然而建設合衆國之第三偉人，吾恐合衆國人多未之知也。其人爲誰？曰：痾列斯·曼是也。夫華盛頓與林肯者，方共和國建設之危急存亡之秋，具有勇敢、愛國、才智之最大代表的人物也；而痾列斯·曼者，方國民之靜的內的建設，即其精神界發達之危急存亡之秋，具有勇敢、愛國、才智之最大代表的人物也。”然則以痾列斯·曼爲中心，而敍述美國之教育最爲適當也。

痾利斯·曼

方紀元一六三五年二月，波士敦市首先設立拉丁學校（Latin School），此即爲美國組織的學校之權輿。二年後，哈華德（Harvard）大學創立，聘夸美紐斯爲大學長，此爲高等教育機關之嚆矢，由是美國之教育蒸蒸日上矣。紀元一六四二年，馬薩諸塞（Massachusetts）州率先發布教育令，設立强迫教育（Compulsory）制度，教化漸普及；然入第十八世紀，戰禍相尋，美國教育史上之黑暗時代於是乎出現。第十八世紀之末葉，即紀元一七七六年，宣布獨立；一七八九年，告厥成功，由是戰亂漸息；歷年來爲戰爭所荒廢之教育，亦與第十九世紀之曙光同時恢復，全體市民咸注意於教育方面，且能負擔教育事業之經費，是時有多數學者起而提倡教育之

波士敦市設立拉丁學校

强迫教育制度之設立

獨立宣布及其告成

革新，就中有約爾大學（Yale College）之教授阿爾木斯德特（Olmstead）者，於紀元一八一六年，設立一無報酬（Gratuitious）之師範學校，唱導師範教育實施之必要；同大學之教授根斯里（Kingsley）亦於紀元一八二三年，唱導初等教師養成之必要，此等學者，對於教育革新之思想，其影響及於痾列斯·曼者，固爲不少，然吾人尤不可不知更有最大影響及於痾列斯·曼之教育活動者，其人爲誰？曰：加達是也。

加達

加達（Carter）者，紀元一七九五年，生於馬薩諸塞州，一八二〇年，畢業於哈華德大學。彼以當時小學校教育不振之原因，歸於教師，別當時教師爲三種如下：

一，以教育爲比普通勞動可得更多之報酬（Remunerative），而且易於從事者。

二，自身正在受高等教育中，或已受高等教育之人，以教育爲一時的職業（Temporary employment）而爲之者。

三，社會之敗劣者。

以上三種人，加達皆以爲不適任之教師；彼又攻擊教科書之不良，由種種方面主張教育之改革。

當此之時，美國之教育大受歐洲各國教育之影響，痾列斯·曼受此影響之刺激者，亦匪淺鮮！

當時英國教育上大起活動之原因，在於比爾（Bell）（一七五三——一八三二）與蘭加斯德（Lancaster）（一七七八——一八三八）之“相互教授法”（Mutual and Monitorial Instruction）。比爾者，爲英國教會會員，兼皇黨（Tory）黨員也；蘭加斯德者，係非國教徒而爲自由主義者也。二人之教育法，自有多少逕庭之處。蘭加斯德之方法於紀元一八〇五年，已爲美國所採用，一八〇九年，遂有奉此主義之學校設立於紐約市。後十年，特向英國聘用此主義之教師，尋蘭氏親自渡美，由是“相互教授法”，遂風行美國全國之教育界矣。然不久，無論英、美，此主義同歸於衰微。推其衰微之原因：蓋由於當時人士皆自覺所謂正當之教育者，須以十分之費用與設備爲要件也。

英國“相互教授法”之採用

其他如麥克流爾（Maclure）及尼夫（Neef）等之介紹裴司塔洛齊之思想及其教育上之方法，教授格黎斯哥姆（Griscom）之視察英、法、瑞、意等國之教育（一八一八——一八一九），又發刊《在歐洲之一年》一書，皆足資美國教育之改善。當是時也，美國教育之狀况已大變更，痾列斯・曼乃乘之而起改革教育之活動焉。

歐洲各國教育法之輸入

痾列斯・曼（Horace Mann）者，紀元一七九六年五月四日生於合衆國馬薩諸塞州之法蘭克林（Franklin）。其五世祖撒母耳・曼（Samuel Mann）曾於紀元一六六五年，畢業於哈華德大學，然其子孫久不見有由學校出身者。痾列斯・曼之父多馬斯・曼（Thomas Mann）資質尤爲虛弱，家道且益不振，痾列斯・曼之母名斯多列（Stanley），頗其賢德，教子有義方；痾列斯・曼雖有此嚴格的家庭教育，然家

痾列斯・曼之家世

貧，年長尚不能就學，惟聞父母所語及學者之學術上談話，以慰其熾盛之智識欲而已。年甫十三歲，父患肺病而卒，由是尤不能不以其備習勞苦之身，更事勤勉操作，以維其家道焉。

痾列斯·曼之學歷

好學之痾列斯·曼處此困苦患難之中，未嘗一日廢學。至紀元一八一六年九月，竟得入伯魯溫（Brown）大學，爾來朝夕勤學，未嘗有懈，卒能占全級之首席，既純熟拉丁語及希臘語，又精通數學及自然科學，且兼備書家、文豪、辯士等之天才，遂於紀元一八一九年，以最優等之成績，畢業於伯魯溫大學。

痾列斯·曼畢業後，志欲爲法律家，熱心從事法律之研究，後伯魯溫大學招彼爲拉丁語、希臘語教授，乃暫就聘，旋即辭職，更潛心研究法律。至紀元一八二三年，遂爲辯護士，越四年，被選爲州會議員，自此乃爲政治界之一人矣。

後卜居於波士敦，紀元一八三七年被任爲馬薩諸塞之州教育局長。此教育局爲當時所新設，彼係第一任局長，其宣言曰："余在職中，余願獻余之心身以謀此地人民之福祉。"云云。彼乃以裴司塔洛齊、福祿培等之思想爲基礎，著手從事於教育事業。當時雖有教會及其他反對者，出而攻擊，力謀所以傾覆之，然彼毫不顧慮，毅然行其所欲爲，振其敏巧手腕，以實行種種教育上設施，並發刊雜誌，公其所信所行於天下，在職凡十二年之間，本州之公立學校經費，視前倍蓰，新學校設立費，達二百萬弗以上；男教師薪俸增至十之六，女教師薪俸增至十之五，其效果之大蓋如此。於是各州咸相倣而設教育局，其組織，其辦法，一一皆遵循焉。全合衆國之教育事業，至此乃煥然一新矣。

紀元一八四三年，疴列斯・曼旅行歐洲，其目的有二：一則欲視察外國之教育，以資祖國教育之改善；一則欲轉地療治，以圖自己身體之康健，留歐六月，視察英、德、法、和等國，歸而貢獻於祖國之教育界者甚多。

師範學校之設立

先是有布爾克斯（Brooks）者，於紀元一八三四年，渡歐視察德意志之教育制度，歸國後，昌言師範學校設立之急要，疴列斯・曼亦贊成其說，會有捐助以資金者，彼等乃排除許多反對者之說而設立焉。

紀元一八四八年二月二十二日，國會議長亞當姆斯（Adams）卒，疴列斯・曼被選而繼其任，彼之活動，遂由馬薩諸塞而移於華盛頓，彼雖身爲議長，然其心尚傾於教育事業也。

疴列斯・曼爲安都大學長

紀元一八五三年，疴列斯・曼辭議長之名譽職，與當地之政客學者，灑淚作別，遂離華盛頓而赴阿海呵（Ohio）州，任安都大學（Antioch College）長，但彼之所以出此英斷者，其動機欲以貫澈其生平所主張之教育主義也。今試以此大學設立之趣旨觀之，約有下之二大特色。

一，非宗派的大學。

二，對於男女施以同等之教育。

至痾列斯·曼生平之主張，亦有下列之二大條件：

一，女子與男子須受同等之教育，以恢復其久居卑下之地位。

二，撤去一切基督教派之狹隘的宗教心，以自由主義爲少年教育之基礎。

如上所述，痾列斯·曼之主張與彼大學之趣旨，實全然一致也。且彼設立大學者之熱誠，又適與痾列斯·曼素所欲在西部地方教育兒童之希望，遙相吻合，此尤爲促使痾列斯·曼赴安都大學之一大原因也。

同年九月，痾列斯·曼發揚“神之名譽”（The Honor of God）及“人之職務”（The Service of man）之二大綱領，舉行男女共學之安都大學開校式，將實現其多年所蘊蓄之教育思想焉。

當時高等專門學校之許女子入學者，唯阿柏林（Oberlin）一大學耳。然此大學女學生所受之學科，視男子所受者稍少，修業年限亦較短，至痾列斯·曼之大學，則男女全然受同等之教育，且當時學校內不設人種之區別者，亦自此校始。

痾列斯·曼任學長，同時又兼教授，講演《聖書》以及經濟學、哲學、倫理學等科。

痾列斯·曼之晚境

痾列斯·曼生平無論遭如何困苦艱難，必奮鬬而勝之，然至晚年，於此大學中，遭一大挫折，幾不可復振。蓋因此大學之設立者，經營不得其道，負債甚多，學長教授之薪俸，且不能支給，當時彼又臥病，不克視事，西諺云：“萬事愈趨愈惡”（Things

Went from bad to worse）可爲痐列斯・曼寫其苦况矣。後彼病雖漸愈，然大學遂不可復救矣。

紀元一八五九年，此大學竟遭拍賣矣。後由新校主出而以新主義重行組織，痐列斯・曼於此年行畢業式之日，復病革，飲食不進，睡眠不安，方其易簀之前三時間，猶復召校中頑悍不馴之學生，至病榻之前，施以最後之訓誡；遂於紀元一八五九年八月二日，殉身於安都大學，時年六十有三，卽葬於此大學之校庭。

痐列斯・曼在二三十歲時，曾爲遺傳之肺病所苦，然而天性甚快爽，故不以病而困其行動，彼之畏友堪皮（Cambe）嘗曰："痐列斯・曼者，極快爽之友人也，余在波士敦市所交諸俊彥中，常印於余之腦際而不能忘者，惟痐列斯・曼一人而已。"彼之德性，又厚於公共心，彼在歐洲旅行中所需之公費及其報告之出版費等之報酬，概辭不受。彼嘗謂人曰："吾人爲人道獲利，死亦有愧！"（Be ashamed to die with you have won some victory for humanity！）

痐列斯・曼事業之一斑

總之，痐列斯・曼在教育上之事業，爲吾人所不可不記憶者：卽美國普通教育之進步、自由學校（Free School）之設立、師範學校之創始、校舍之改良、教授訓育之革新等是也。

美國之教育，自痐列斯・曼提倡改革以來，其發達之程度，非常迅速，遂得有今日之盛况，然則痐列斯・曼之有功於美國精神界，當不讓於華盛頓、林肯二人矣。

編後記

本書以商務印書館 1933 年版為底本，原書為一冊，本次出版分為上、下兩冊，本書為上冊。

作者姜琦（1885～1951），字伯韓，號柏盦，永嘉（今浙江溫州）人。早年留學日本，畢業于東京高等師範學校，後獲得明治大學政治科學士學位。1915 年回國後，歷任浙江省立第十師範學校、杭州省立第一師範學校校長，南京高師教授等。1922 年由教育部選派，入哥倫比亞大學深造，1925 年夏取得碩士學位。回國後，歷任上海暨南大學、大夏大學、中央大學、安徽大學文學院、湖北省立教育學院、廈門大學、浙江大學、西北聯合大學等高校校長、訓導長、教授等職。1945 年抗日戰爭結束，臺灣光復後，任行政長官（陳儀）公署簡任參議兼臺灣省編譯館編纂。1946 年 3 月後專任編譯館編纂。1951 年 10 月 1 日因病逝世，享年 66 歲。姜琦畢生從事教育，為民國時期著名教育家。主要教育著作有《西洋教育史大綱》《中國國民道德概論》《教育史》《知難行易與教育》《現代西洋教育史》《中國國民道德原論》《德育原理》《教育學新論》《生活管理》等 20 餘部。他在引進西方教育思想的同時，不忘強調中國傳統的教育思想，對於民國時期一味吸收、借鑒西方教育學理論而拋棄中國自身教育學說的情況，感到非常痛心："我中國自身所有的一切教育思想和學說，不拘其具有怎樣的豐富之內容和重大的價值，總難能惹起一般具有現代科學的眼光者的注意，把它當作‘教育學’看待，反而為他們所輕視，以為它毫沒有科學的根據和價值而置之不顧了。”（《教育學新論》，正中書局 1946 年版）

近代以來，特別是中日甲午戰爭的失敗，使國人認識到與西方的差距不僅僅是軍事和物質上，更應借鑒和學習其政治體制，加強教育。中國古代文化中有豐富的教育思想，但沒有內生出與“西洋教育學”類似的獨立形態的、系統的教育理論和專門的教育學著作。中國的先進知識份子開始認識到先進的教育制度對處在生死存亡關鍵時刻的中國的重要作用，認識到教育強國、教育救國的重要作用，如梁啟超提出“少年強則中國強”，因此教育成為挽救民族危亡的具體一環。教育學在中國近代早期系統介紹西方近代學科體系和科學知識領域占據重要一席。1877 年康有為的《西學書目志》中就有“教育學書”57 種。1909 年學部編訂名詞，審定各種學術名字，“教育”為六門之一，與算學、博物、理化等並列。20 世紀初年，我國的教育學觀念經歷了從傳統到西方的顛覆，渴求教育學的規律和科學知識。有識之士開始大量引進西方的學術成果，介紹西方的教育學思想及理論，形成對國外教育學“翻譯”“介紹”到“述評”“編纂”“自編”等一系列消化吸收的“中國範式”，並隨著吸收對象的更替而多次循環。《西洋教育史大綱》就是“消化”過程中的成果之一，是國人編寫的第一本外國教育史著作，系統介紹了西方教育史自古希臘至 20 世紀初年的思想理論、流派及其重要代表等，為當時的教育改革提供了重要借鑒，至今也有參考價值。

本書介紹的是古希臘至啟蒙運動的西方教育思想、流派及重要代表等。本次整理出版過程中，需要向讀者說明的有以下幾點：為保持舊籍原貌，文中因時代所限出現的同字異書、與今人不同的外文書寫與翻譯，一般不作改動；在整理過程中，在保持原貌的基礎上，對原文中一些明顯的錯訛之處，進行了必要的修改，並以“編者註”的形式加以說明；其他一般性規範性差異，進行了必要的訂正，不再一一出注說明。本次整理依據現代標點規範進行點校。原書有適合豎排版圖書的“眉批”，因整理為橫排版，相應地改為“旁批”。限於整理者水準，錯漏不當之處仍在所難免，誠望讀者諸君批評指正。

劉　江

2014 年 7 月

《民國文存》第一輯書目

紅樓夢附集十二種	徐復初
萬國博覽會遊記	屠坤華
國學必讀（上）	錢基博
國學必讀（下）	錢基博
中國寓言與神話	胡懷琛
文選學	駱鴻凱
中國書史	查猛濟、陳彬龢
林紓筆記及選評兩種	林紓
程伊川年譜	姚名達
左宗棠家書	許嘯天句讀、胡翼雲校閱
積微居文錄	楊樹達
中國文字與書法	陳彬龢
中國六大文豪	謝無量
中國學術大綱	蔡尚思
中國僧伽之詩生活	張長弓
中國近三百年哲學史	蔣維喬
段硯齋雜文	沈兼士
清代學者整理舊學之總成績	梁啟超
墨子綜釋	支偉成
讀淮南子	盧錫烴

國外考察記兩種	傅芸子、程硯秋
古文筆法百篇	胡懷琛
中國文學史	劉大白
紅樓夢研究兩種	李辰冬、壽鵬飛
閒話上海	馬健行
老學蛻語	范禕
中國文學史	林傳甲
墨子閒詁箋	張純一
中國國文法	吴瀛
《四書》《周易》解題及其讀法	錢基博
老莊研究兩種	陳柱、顧實
清初五大師集（卷一）・黃梨洲集	許嘯天整理
清初五大師集（卷二）・顧亭林集	許嘯天整理
清初五大師集（卷三）・王船山集	許嘯天整理
清初五大師集（卷四）・朱舜水集	許嘯天整理
清初五大師集（卷五）・顏習齋集	許嘯天整理
文學論	[日]夏目漱石著、張我軍譯
經學史論	[日]本田成之著、江俠庵譯
經史子集要略	羅止園
古代詩詞研究三種	胡樸安、賀楊靈、徐珂
古代文學研究三種	張西堂、羅常培、呂思勉
巴拿馬太平洋萬國博覽會要覽	李宣龔
國史通略	張震南
先秦經濟思想史二種	甘乃光、熊夢
三國晉初史略	王鍾麒
清史講義（上）	汪榮寶、許國英
清史講義（下）	汪榮寶、許國英

清史要略	陳懷
中國近百年史要	陳懷
中國近百年史	孟世傑
中國近世史	魏野疇
中國歷代黨爭史	王桐齡
古書源流（上）	李繼煌
古書源流（下）	李繼煌
史學叢書	呂思勉
中華幣制史（上）	張家驤
中華幣制史（下）	張家驤
中國貨幣史研究二種	徐滄水、章宗元
歷代屯田考（上）	張君約
歷代屯田考（下）	張君約
東方研究史	莫東寅
西洋教育思想史（上）	蔣徑三
西洋教育思想史（下）	蔣徑三
人生哲學	杜亞泉
佛學綱要	蔣維喬
國學問答	黄筱蘭、張景博
社會學綱要	馮品蘭
韓非子研究	王世琯
中國哲學史綱要	舒新城
中國古代政治哲學批判	李麥麥
教育心理學	朱兆萃
陸王哲學探微	胡哲敷
認識論入門	羅鴻詔
儒哲學案合編	曹恭翊

荀子哲學綱要	劉子靜
中國戲劇概評	培良
中國哲學史（上）	趙蘭坪
中國哲學史（中）	趙蘭坪
中國哲學史（下）	趙蘭坪
嘉靖禦倭江浙主客軍考	黎光明
《佛遊天竺記》考釋	岑仲勉
法蘭西大革命史	常乃悳
德國史兩種	道森、常乃悳
中國最近三十年史	陳功甫
近百年外交失敗史（1840～1928）	徐國楨
最近中國三十年外交史	劉彥
日俄戰爭史	呂思勉、郭斌佳、陳功甫
老子概論	許嘯天
被侵害之中國	劉彥
日本侵華史兩種	曹伯韓、汪馥泉
馮承鈞譯著兩種	伯希和、色伽蘭
金石目錄兩種	李根源、張江裁、許道令
晚清中俄外交兩例	常乃悳、威德、陳勛仲
美國獨立建國	商務印書館編譯所、宋桂煌
不平等條約的研究	張廷灝、高爾松
中外文化小史	常乃悳、梁冰弦
中外工業史兩種	陳家錕、林子英、劉秉麟
中國鐵道史（上）	謝彬
中國鐵道史（下）	謝彬
中國之儲蓄銀行史（上）	王志莘
中國之儲蓄銀行史（下）	王志莘

史學史三種	羅元鯤、呂思勉、何炳松
近世歐洲史（上）	何炳松
近世歐洲史（下）	何炳松
西洋教育史大綱（上）	姜琦
西洋教育史大綱（下）	姜琦
歐洲文藝雜談	張資平、華林
楊墨哲學	蔣維喬
新哲學的地理觀	錢今昔
德育原理	吳俊升
兒童心理學綱要（外一種）	艾華、高卓
哲學研究兩種	曾昭鐸、張銘鼎
洪深戲劇研究及創作兩種	洪深
社會學問題研究	鄭若谷、常乃惪
白石道人詞箋平（外一種）	陳柱、王光祈
成功之路：現代名人自述	徐悲鴻等
蘇青與張愛玲：文壇逸站	白鷗
文壇印象記	黃人影
宋元戲劇研究兩種	趙景深
上海的日報與定期刊物	胡道靜
上海新聞事業之史話	胡道靜
人物品藻錄	鄭逸梅
賽金花故事三種	杜君謀、熊佛西、夏衍
湯若望傳（第一冊）	[德]魏特著、楊丙辰譯
湯若望傳（第二冊）	[德]魏特著、楊丙辰譯
摩尼教與景教流行中國考	馮承鈞
楚詞研究兩種	謝無量、陸侃如
古書今讀法（外一種）	胡懷琛、胡朴安、胡道靜

黃仲則詩與評傳	朱建新、章衣萍
中國文學批評論文集	葉楚傖
名人演講集	許嘯天
印度童話集	徐蔚南
日本文學	謝六逸
齊如山劇學研究兩種	齊如山
俾斯麥（上）	[德]盧特維喜著、伍光建譯
俾斯麥（中）	[德]盧特維喜著、伍光建譯
俾斯麥（下）	[德]盧特維喜著、伍光建譯
中國現代藝術史	李樸園
藝術論集	李樸園
西北旅行日記	郭步陶
新聞學撮要	戈公振
隋唐時代西域人華化考	何健民
中國近代戲曲史	鄭震
詩經學與詞學 ABC	金公亮、胡雲翼
文字學與文體論 ABC	胡朴安、顧藎丞
目錄學	姚名達
唐宋散文選	葉楚傖
三國晉南北朝文選	葉楚傖
論德國民族性	[德]黎耳著，楊丙辰譯
梁任公語粹	許嘯天選輯
中國先哲人性論	江恆源
青年修養	曹伯韓
青年學習兩種	曹伯韓
青年教育兩種	陸費逵、舒新城
過度時代之思想與教育	蔣夢麟

我和教育	舒新城
社會與教育	陶孟和
國民立身訓	謝無量
讀書與寫作	李公樸
白話書信	高語罕
文章及其作法	高語罕
作文講話	章衣萍
實用修辭學	郭步陶
版本通義・古籍舉要	錢基博
中國戲劇概評	向培良
現代文學十二講	[日]昇曙夢著、汪馥泉譯